Welcome to
지식인 마을

새싹마을

촘스키가

아크로폴리스

아고라

아인슈타인가

입구

지식인마을 14

몽테스키외 & 토크빌

개인이 아닌
시민으로 살기

지식인마을 14 개인이 아닌 시민으로 살기
몽테스키외 & 토크빌

저자_ 홍태영

1판 1쇄 발행_ 2006. 11. 20.
2판 1쇄 발행_ 2013. 10. 10.
2판 4쇄 발행_ 2022. 3. 26.

발행처_ 김영사
발행인_ 고세규

등록번호_ 제406-2003-036호
등록일자_ 1979. 5. 17.

경기도 파주시 문발로 197(문발동) 우편번호 10881
마케팅부 031)955-3100, 편집부 031)955-3200, 팩스 031)955-3111

저작권자 ⓒ 2006 홍태영
값은 뒤표지에 있습니다.
ISBN 978-89-349-2177-6 04340
    978-89-349-2136-3 (세트)

홈페이지_ www.gimmyoung.com   블로그_ blog.naver.com/gybook
인스타그램_ instagram.com/gimmyoung   이메일_ bestbook@gimmyoung.com

좋은 독자가 좋은 책을 만듭니다.
김영사는 독자 여러분의 의견에 항상 귀 기울이고 있습니다.

몽테스키외 & 토크빌
Montesquieu & Tocqueville

개인이 아닌
시민으로 살기

홍태영 지음

김영사

정치의 새로운 실천을 위한 계기들

오랫동안 정치의 필요성에 대해 고민하면서 잇따라 제기되는 문제는 '어떠한 정치여야 하는가' 그리고 '그러한 정치의 실마리를 어디서 찾아야 하는가' 하는 것이었다. 결국 정치의 문제는 공동체 구성원들의 삶과 능력을 풍부화하는 방식, 즉 윤리적인 문제와 결합되어 사고되어야 한다. 현 시점에서 우리는 이러한 정치에 대한 문제의식과 윤리적 문제 설정의 결합 속에서 그간의 근대정치로부터 벗어나 새로운 정치의 계기를 찾아야 한다.

18세기 유럽에서 서서히 자리잡기 시작한 국민국가라는 틀은 근대정치의 모습을 만들었다. 중세 이래 절대주의를 거치면서 확립된 군주의 신성주권은 국민주권으로 전환되었고, 그 주권의 주체로서 시민들의 형성과 그들의 권리 확장의 과정이 전개되었다. 그리고 근대민주주의의 구체적인 실현의 양태로서 대의제가 중심에 자리를 잡았다. 이러한 것들이 국민국가라는 정치공동체에서 실현되어왔던 근대민주주의 정치의 내용이라고 할 수 있다.

이러한 근대정치의 모습은 20세기 말 이후 신자유주의적 세계화, 냉전 질서의 붕괴, 새로운 다양한 갈등들의 표출 등과 함께 새로운 국면, 더 나아가 위기를 맞고 있다. 근대적 주권의 위상이 흔들리고 국제질서에서 새로운 정치 행위자들이 등장하고 있을 뿐만 아니라 국경을 넘나드는 이주의 물결은 시민의 위상과 권리를 위협하고 있으며, 그 경계의 모호함과 더불어 불안정한 시민들을 양산하고 있다. 이와 더불어 대의제 양식의 기능이 작동하지 않으면서 위기를 가져오고 있으며, 결국은 근대적 민주주의의 위기를 만들어내고 있다.

이제 근대 민주주의의 한계를 극복하고 민주주의의 실현을 위한 새로운 정치의 모색이 필요한 시점이다. 민주주의가 갖는 규범적 가치를 포함하여 인간이 살아가기 위한 윤리적 의미라는 차원에서 민주주의의 정치가 새롭게 구현되어야 한다. 근대의 민주주의가 국민국가라는 정치체를 통해 구현되어왔다면, 새로운 민주주의는 국민국가를 넘어서 그 경계들을 가로지르는 방식의 정치를 통해 구현될 수 있다. 새로운 정치의 계기들은 다양한 곳에서 발견된다.

무엇보다도 우리의 삶으로부터 정치, 즉 '삶의 정치'가 제기된다. 최근 한국사회의 화두 중의 하나는 복지이다. 한국 민주주의의 발달 과정을 본다면 복지의 문제는 자연스럽게 제기되는 의제일 것이다. 하지만 무엇보다도 현재 한국사회를 살아가면서 우리의 삶이 너무나 많은 위험에 노출되어 있다는 것, 나아가 우리의 삶 자체가 위기라는 것으로부터 우리의 삶의 안전을 보장받고 싶다는 욕구가 발생하고 있다. 이와 함께 '통치'의 차원에서도 복지의 문제가 당면의 과제로 제기되고 있다. 복지와 안전의 문제는 단순히 자신의 생명을 외부의 위협으로부터 지켜낸다는 의미에 한정되는 것이 아니라 삶 자체의 안전한 유지라는 확장된 의미로 이해되어야 한다. 삶의 안전을 지키기 위해 위험으로부터의 소극적 방어를 넘어서 적극적인 의미에서의 삶의 실현 역시 삶의 안전이라는 의미로 이해될 수 있고 이해되어야 한다. 또한 복지는 단지 삶의 보장이라는 수준을 넘어서 공동체의 구성원에 대한 '시민됨'을 만들 수 있는 계기가 되어야 한다. 복지의 문제는 그것이 제기되던 때부터 권리의 문제와 결합되어 있었다.

따라서 '삶의 정치'와 함께 '권리의 정치'가 제기된다. 우리의 삶으로부터 제기되는 다양한 권리의 정치가 형성될 수 있다. 이때 권리의 정치는 근대정치에서 출발했던 인간권리의 정치 그리고 시민권의 정치의 확장이자 질적 도약이다. 근대정치에서 권리는 기본적으로 국가 권력을 전제하고 있으며, 따라서 권력의 우선성이 존재했다. 국민국가의 구성원으로서 시민은 국적^{nationality}을 전제한 자신의 권리를 보장받을 수 있었다. 국가 권력이 그 존재를 인정할 때, 즉 국가 권력이 그를 시민으로 호명할 때 그는 권리를 행사할 수 있었다. 하지만 여기서 제기하는 '권리의 정치'는 현재의 존재 방식에 대한 우선적 인정을 요구함으로부터 출발한다. 그리고 권리는 권력에 우선한다. 존재 양식으로부터 오는 권리의 정치를 통해 권력을 구성해야 한다. 권력으로부터 시민의 존재를 인정받고 그 권리를 실현하는 것이 아니라 인간 존재의 양태로부터 권리의 정치가 발생하고 그로부터 권력을 구성하게 된다.

'삶의 정치', '권리의 정치'와 함께 '정체성의 정치'가 제기된다. 정체성의 문제는 내가 누구인가의 문제이며, 그것은 삶의 의미와 자신의 현재적 삶의 방식을 실현하는 문제이다. 국민국가 시기의 결정적인 정체성은 국민으로서의 정체성이다. 삶의 실현 공간인 국민국가 속에서 형성되고 부과된 정체성이다. 이제 일상적 삶으로부터 제기되는 권리에 대한 요구를 통한 권리의 실현 그리고 그를 통한 주체화의 과정, 즉 주체의 형성의 과제가 제기된다. 주체화의 과정은 국가 권력과 같은 외부적 존재에 의해 정체성이 부과되는 동일화^{identification}의 과정이 아니라 스스로 자신의 존재를 드러내는 과정이며, 자신의 존재를 타인과의 관계 속에서 인정받기를 요구하는 과정이기 때문에 곧 정체성의 형성 과정이다. 결국은 기존의 국민국가의 틀이 부과했던 국민 정체성에 한정되는 것이 아니라 새로운 자신의 삶의 공간 속에서 국민 정체성의 유지가 아닌 새로운 정체성, 이른바 혼종적 정체성을 만들어가게 되고 그러해야 한다. 그것은 자신의 삶이 유지되는 공간을 통한 새로운 정체성의 형성이지만 그것이 이주된 공간에서 일방적으로 부과되는 정체성이 아니라 자신의 주체화를 통한 새로운 정체성의 구성이다.

이상의 다양한 정치의 계기들은 근대정치의 틀을 넘어서 새롭게 정치체와 권력을 구성하고 새로운 정치의 양태를 만들어낼 수 있도록 할 것이다. '삶의 정치', '권리의 정치', '정체성의 정치'는 일정하게 겹쳐져서 작동하는 것이지만 그렇다고 어느 하나로 환원되지 않는다. 마치 뫼비우스의 띠처럼 서로 안과 밖으로 이어지면서 결합되며, 그것들의 위상이 항상적이지도 않다. 결국 삶을 구성해나가는 주체들의 능력에 의해 정치가 실현되고 공동체를 구성해나갈 수 있을 것이다.

첫판을 내고 2판을 내는 지금까지 8년이라는 시간의 흐름은 무척이나 많은 변화를 가져온 듯 하지만, 실상은 아무것도 변한 게 없다는 생각이 더 짙게 든다. 우리가 봐야 할 것은 장기적인 시간의 흐름이다. 그 시간의 흐름 속에서 새롭게 구성되어가는 경향을 찾아야 하며, 우리가 어디로 가야할지에 대한 깊은 고민을 해야 한다. 그것이 우리가 추구해야 할 '정치적 삶'의 문제이며, 한국사회의 방향성과 관련이 있다. 그러한 의미에서 18세기, 19세기에 정치의 문제를 사고했던 몽테스키외와 토크빌의 문제의식은 현재적이다.

〈지식인마을〉시리즈는…

〈지식인마을〉은 인문·사회·과학 분야에서 뛰어난 업적을 남긴 동서양대표 지식인 100인의 사상을 독창적으로 엮은 통합적 지식교양서이다. 100명의 지식인이 한 마을에 살고 있다는 가정 하에 동서고금을 가로지르는 지식인들의 대립·계승·영향 관계를 일목요연하게 볼 수 있도록 구성했으며, 분야별·시대별로 4개의 거리를 구성하여 해당 분야에 대한 지식의 지평을 넓히는 데 도움이 되도록 했다.

〈지식인마을〉의 거리

플라톤가 플라톤, 공자, 뒤르켐, 프로이트 같이 모든 지식의 뿌리가 되는 대사상가들의 거리이다.

다윈가 고대 자연철학자들과 근대 생물학자들의 거리로, 모든 과학 사상이 시작된 곳이다.

촘스키가 촘스키, 베냐민, 하이데거, 푸코 등 현대사회를 살아가는 인간에 대한 새로운 시각을 제시한 지식인의 거리이다.

아인슈타인가 아인슈타인, 에디슨, 쿤, 포퍼 등 21세기를 과학의 세대로 만든 이들의 거리이다.

이 책의 구성은

〈지식인마을〉 시리즈의 각 권은 인류 지성사를 이끌었던 위대한 질문을 중심으로 서로 대립하거나 영향을 미친 두 명의 지식인이 주인공으로 등장한다. 그리고 다음과 같은 구성 아래 그들의 치열한 논쟁

을 폭넓고 깊이 있게 다룸으로써 더 많은 지식의 네트워크를 보여주
고 있다.

초대 각 권마다 등장하는 두 명이 주인공이 보내는 초대장. 두 지식
인의 사상적 배경과 책의 핵심 논제가 제시된다.

만남 독자들을 더욱 깊은 지식의 세계로 이끌고 갈 만남의 장. 두 주
인공의 사상과 업적이 어떻게 이루어졌으며, 그들이 진정 하고 싶었
던 말은 무엇이었는지 알아본다.

대화 시공을 초월한 지식인들의 가상대화. 사마천과 노자, 장자가
직접 인터뷰를 하고 부르디외와 함께 시위 현장에 나가기도 하면서,
치열한 고민의 과정을 직접 들어본다.

이슈 과거 지식인의 문제의식은 곧 현재의 이슈. 과거의 지식이 현재
의 문제를 해결하는 데 어떻게 적용될 수 있는지 살펴본다.

이 시리즈에서 저자들이 펼쳐놓은 지식의 지형도는 대략적일 뿐이
다. 〈지식인마을〉에서 위대한 지식인들을 만나, 그들과 대화하고, 오
늘의 이슈에 대해 토론하며 새로운 지식의 지형도를 그려나가기를
바란다.

지식인마을 책임기획 장대익
서울대학교 자유전공학부 교수

Contents 이 책의 내용

Prologue 1 지식여행을 떠나며 · 4
Prologue 2 이 책을 읽기 전에 · 8

Chapter 1 초대

삶과 정치 · 14
그 많던 국가는 어디로 갔을까? · 25
왜 몽테스키외와 토크빌인가? · 30

Chapter 2 만남

1. 몽테스키외와 그의 시대 · 36
   몽테스키외의 지적 여정 | 18세기는 어디쯤 있을까? | "짐이 곧 국가다"
   가깝고도 먼 이웃나라 영국 | 모두가 예외인가, 프랑스가 예외인가?
   하나의 계몽주의인가 아니면 계몽주의 사상들인가?

2. 최선의 정치 형태는 무엇인가? · 62
   현실 사회를 연구의 출발점으로 | 어떠한 정부 형태들이 존재하는가?
   가난한 시민보다는 부자 시민이 낫다 | 정치는 왜 부패하는가?
   권력이 권력을 멈추게 하라 | 권력분립에 의한 혼합정 | 상업적 공화국, 영국
   몽테스키외는 무엇을 말하고자 했을까?

3. 간주곡 ─ 프랑스 혁명 · 87
   루소의 몽테스키외 비판 | 몽테스키외와 페더럴리스트 그리고 미국 독립혁명
   문명화 과정 | 국민의 탄생 | 민주주의 vs. 대의제, 몽테스키외 vs. 루소
   공동체의 이익과 개인의 자유 | 계속되는 혁명과 반혁명

4. 토크빌과 그의 시대 · 113
   혁명의 그림자가 가득했던 어린 시절 | "부자되세요" | 7월 왕정의 중간계급

5. 미국의 민주주의에 대한 프랑스적 독해 · 122

《미국의 민주주의》는 어떤 책인가? | 미국의 민주주의와 유럽의 민주주의
민주주의의 역설, 개인성이 소멸되다 | 민주주의적 전제정
민주주의에 대한 자유주의적 처방 | 코뮌과 정치적 결사체의 역할

6. 몽테스키외와 토크빌, 그리고 우리 · 149

왜 토크빌을 '19세기의 몽테스키외'라고 부르는가?
몽테스키외, 토크빌 그리고 우리 시대의 민주주의

Chapter 3 대화
민주주의의 내용 채우기 · 158

Chapter 4 이슈
대의 기능은 의회에 한정되어야 하는가? · 172
대통령제와 의원내각제, 선택의 문제인가? · 178
프랑스 혁명에 대한 기억 만들기 · 184

Epilogue   1 지식인 지도 · 192   2 지식인 연보 · 194
           3 키워드 찾기 · 196   4 깊이 읽기 · 199
           5 찾아보기 · 201

Montesquieu

Chapter 1

초대

INVITATION

Tocqueville

삶과 정치

누구나 살아가면서 다양한 가치들이 충돌하는 경험을 갖게 된다. 여러 사람들이 모여서 살다 보면 다양한 가치들 혹은 다양한 입장이나 관점들이 충돌하게 마련이고 그 상황에서 선택을 해야 할 경우가 발생하는 것이다. 이 경우 일반적으로 사회적인 합의가 존재하거나 혹은 사회적으로 우선시되는 가치가 존재한다. 즉 가치의 우선 순위가 상당 부분 정해져 있는 셈이다. 그러한 우선 순위는 결코 개인적으로만 결정되지 않으며, 개개인의 가치의 우선 순위 또한 아주 상이하다고 할 수 없다. 물론 약간의 차이, 즉 선호의 차이는 존재한다. 하지만 우리 대부분이 사회적으로 교육되고 사회 속에서 살아가고 있기 때문에 알게 모르게, 의식적 혹은 무의식적으로 가치선호 체계가 주입되어 있다고 할 수 있다.

프랑스의 정치 사상가인 몽테스키외와 토크빌을 염두에 두고서 이러한 문제들을 고민해본다면 몇 가지 예를 통해 정치에 쉽게 접근할 수 있으리라 생각한다.

'공공'의 이름으로 개인의 권리를 제한하다

이완용의 증손인 이모 씨는 얼마 전 법원에 증조부 소유의 땅에 대한 소유권 반환을 신청했다. 이와 비슷한 경우에 해당하는 친일파의 자손 ○○씨는 법원에서 승소해 증조부의 땅을 돌려받았다. 이러한 비슷한 종류의 민사소송이 최근 수차례 진행되었지만, 승률은 반반이었다. 이에 대해 일부 국회의원들은 친일파 재산에 대한 특별법을 제정해 국고로 환수하려 하고 있다.

　여기에 대한 네티즌들의 논의도 뜨겁다. 문제가 되는 것은 개인의 재산권 혹은 소유권의 신성함인가 아니면 공공의 이익, 여기서는 친일이라는 반민족적 행위를 통해 획득한 재산을 민족의 이름 혹은 역사 바로 세우기라는 공공의 목적을 위해 제한할 수 있는가 하는 문제다.

　이러한 예는 또 있다. 아파트 재개발과 관련해 정부는 아파트 값을 잡기 위해 개발이익 환수 혹은 재개발과 관련한 다양한 조치들을 마련하여 개인의 재산권 행사를 제한하고 있다. 공공 이익의 이름으로 정부는 부동산 대책을 끊임없이 내놓고 있고, 개인들은 자신의 재산권을 보호하기 위해 규제로부터 벗어나려고 몸부림치고 있다.

　또 다른 예를 들어보자. '국익'이라는 말이 있다. 국가의 이익이란 뜻일까, 국민의 이익이란 뜻일까? 전자일 경우 국가의 이익을 개개인의 이익과 동일시할 수 있는가? 후자일 경우 국민이라는 전체 집단에 나 그리고 여러분이 포함되는가? 추상화된 혹은 집단화된 이름으로 명분을 내세우는 경우, 혹은 명분에 구체성이 결여되는 경우가 우리 주변에는 허다하게 많은 듯하다.

돈키호테는 과연 미치광이에 불과한가?

영화 〈브레이브 하트Braveheart〉(1995)에서 멜 깁슨이 분한 월리스는 잉글랜드 왕의 정예군에 맞서 거의 오합지졸에 가까운 농민들로 구성된 조국 스코틀랜드 군사들을 이끌었다. 그는 군사들에게 조국을 위해 죽기살기로 싸울 것과 구차하게 살기보다는 명예롭게 죽을 것을 요구하며 독려했다. 죽음을 두려워하지 않고 끝내 '자유'를 외치면서 명예로운 죽음을 선택한 월리스는 과연 '합리적인' 선택을 한 것인가? 이 이야기에서 우리는 개인의 이익과 공공의 이익이 대립하는 것을 엿볼 수 있다. 결국 후자는 개인의 이익에 대해 일정한 희생을 요구하는 경우가 허다하고 그것은 명예라는 이름으로 포장되는 경우가 많다.

사실 그렇게 먼 예를 찾지 않더라도 명예로운 죽음을 선택한 경우는 우리나라의 역사에서도 어렵지 않게 찾을 수 있다. 특히 조선 말기 일제의 침략과 맞닥뜨렸을 때 조선 선비들이 일련의 자결을 행한 것은 어떻게 설명할 수 있을까? 더군다나 배부름보다는 체면과 명예를 소중하게 생각했던 조선의 선비들에게 근대적 가치로 무장한 일제의 침탈은 더더욱 수용할 수 없는 것이었다. 하지만 500년 아니 그보다 더 오랫동안 견고하게 유지되어 왔던 유교적 가치들은 개화기와 일제 강점기를 거치면서 순식간에 무너지고 서구의 근대적 가치들로 대체되기에 이른다. 지금은 오히려 더 적극적으로 서구의 가치들을 모방하고 추구하고 있는 인상이다.

　서구에서도 가치의 전이 과정에 대한 묘사들은 무수히 존재한다. 대표적으로 1605년에 나온 세르반테스[Miguel de Cervantes, 1547~1616]의 소설《돈키호테[Don Quixote]》의 주요 주제 중의 하나가 그러한 가치들의 경쟁이다. 소설에서는 중세 기사도의 명예와 예의라는 이상이 새로운 근대 사회에서 얼마나 유효할 수 있는가 하는 문제를 드러내고 있다. 서구에서 가치들의 경쟁과 전이의 과정은 그들의 근대 역사만큼이나 장기적인 고민과 모색의 시간이었다고 할 수 있다. 하지만, 우리나라의 경우 가치의 경쟁과 전이의 과정은 자발적이기보다는 타의에 의한 과정이었고, 장기적인 모색이 존재했다기보다는 급박하게, 그리고 위로부터 강압적으로 이루어진 과정이었다.

우리에게 '가장 적합한 정치체제'는?

1945년 광복 이후 한국 정치사에는 5개의 공화국이 존재했고, 그 안에는 대통령, 부통령 혹은 수상, 총리, 책임총리 등의 다양한 이름을 가진 최고 권력체와 그 권력을 분할해 가졌던 자리들이 있었다. 입법부 역시 국회는 한때 양원제였던 적도 있다. 대법원으로 표상되는 사법부 그리고 최근에 급격히 시선을 집중시키는 권력 기관 중 하나인 헌법재판소도 가지고 있다.

이러한 권력 기관들의 배치를 둘러싸고, 또한 그들 간의 권력의 분할이 어떻게 이루어져야 하는지를 가지고 다양한 논의가 전개되어왔다. 또한 정권이 위기에 처했을 때 혹은 정치인들 간의 이해관계가 복잡하게 얽힐 때 항상 떠오르는 이야기 중의 하나가 개헌에 대한 논의다.

권력의 배치와 분할과 관련한 문제가 바로 한 나라의 정치체제의 문제이고 그것은 고대 그리스의 플라톤 이래로 지속적으로 탐구되어왔던 문제다. 이처럼 정치철학자들이 고민했던 가장 주요한 문제 중의 하나가 바로 '최상의 정치체제가 무엇인가'에 대한 것이었다.

이 책에서 다루고자 하는 몽테스키외와 토크빌 역시 예외가 아니었지만 그들은 좀 더 현실적이었다고 할 수 있다. 그래서 그들은 어느 나라 어느 시기에나 모두 적용될 수 있는 '최상의 정치체제'를 찾기보다는 자신들의 나라 프랑스에 가장 적합한 정치체제의 모습은 어떤 것인가에 대해 고민했다.

그렇다면 우리나라에 적합한 정치체제는 어떤 모습일까?

앞에서 제시한 몇 가지 문제들은 우리의 일상 그리고 우리의 정치에서 적지 않게 갈등하는 문제들이다. 특히 플라톤과 아리스토텔레스 이래 지속적으로 정치학의 탐구 대상이 되어왔던 문제이기도 하다. 인간이 공동체를 이루게 되면 다양한 문제들이 발생한다. 서로 다른 생각과 가치관, 이해관계를 가진 사람들이 모이다 보면 그것들의 충돌은 피할 수 없게 마련이다. 정치학은 이러한 충돌의 문제를 해결하기 위해 시작되었다. 그리고 당연히 그 이전부터 정치가 존재했을 것이다. 정치는 사람이 둘 이상 모여 살면서부터 발생한다.

대니얼 디포^{Daniel Defoe, 1660-1731}의 소설 《로빈슨 크루소^{Robinson Crusoe}》(1719)에서 로빈슨 크루소가 혼자 있을 때와 프라이데이라는 흑인 노예가 등장하는 시점을 비교해보자. 로빈슨 크루소가 한 흑인을 구해주고 프라이데이라 이름 붙인 후 그를 노예로 만들면서부터 권력관계, 즉 지배-종속 관계가 발생한다. 하지만 권력관계의 양태는 인류의 역사가 변화, 혹은 발전되어오면서 다양하게 나타난다. 그리고 그 양태를 결정하는 요인들 역시 다양하게 나타난다.

앞에서 말한 친일파 자손의 토지 반환 문제와 월리스의 예를 본다면, 경쟁적 관계에 있는 주요한 두 가지 요소들의 충돌을 볼 수 있다. 토지 반환 문제에서 나타나는 충돌은 개인의 소유권과 공공의 이익 간의 충돌이다. 이러한 문제가 발생하기 시작한 것은 그리 오래된 일은 아니다. 물론 재산, 소유의 문제는 인류의 역사만큼이나 오래된 것일 수 있다. 하지만 공공의 이익과 충돌을 일으키면서 사회적 이슈가 되기 시작한 것은 소유권이 자연권이라는 관념이 형성되면서부터다. 서구의 역사에서 자연권으로서의 소유권이라는 관념이 형성되기 시작한 것은 기껏해야 17세기 이후부터다.

그리고 두 번째 예는 아직 영국이 지금의 모습을 갖추기 훨씬 전의 일이다. 스코틀랜드가 잉글랜드와는 다른 독자적인 왕실을 가지고 있던 중세 때의 이야기다. 그리고 월리스가 영웅이 된 전쟁은 1296년 잉글랜드의 에드워드 1세가 스코틀랜드를 직접 공격하면서 발생한 것이다. 사실 현대적인 각색에 따른 멜 깁슨의 연기에서 비롯된 것이지 당시 스코틀랜드의 농민들이 그렇게 죽기살기로 '조국'을 위해 싸웠을 것 같지 않다. 같은 역사극이라도 드라마 〈태조 왕건〉(2000~2002)은 현재의 문제가 짙게 투영되어 민족주의적 색채를 배경으로 깔고 시작했던 반면에 영화 〈황산벌〉(2003)은 비록 희화적이긴 했지만 삶과 죽음의 문제를 사실적으로 그려냈다. 드라마에서 왕건은 통일의 당위성을 단군조선으로부터 끌고 나오지만 당시에 그러한 의식이 있었을지에 대한 확신은 없다. 〈황산벌〉에 등장하는 시기의 사람들은 하루하루를 좁은 공간 속에서 살면서 넓은 공동체에 대한 개념이 없었을 가능성이 높다. 지금이야 제주도에서 부산, 강릉, 서울 등이 대한민국이라는 한 나라 속에 존재한다는 사실을 당연하게 여기고 있지만, 휴대폰은 말할 것도 없고 TV, 신문, 라디오조차 없었을 조선시대만 하더라도 자신이 조선이라는 나라의 사람이라고 얼마만큼이나 생각하면서 살았겠는가? 지금도 마찬가지지만 대부분의 사람들은 먹고살기 바빴을 것이다. 조국이니, 명예니, 자유니 하는 문제는 배부른 뒤의 이야기다. 대부분은 '동막골' 사람들처럼 세상 물정 모르면서 하루하루를 살아갔을 것이다.

그러다가 서서히 상업이 발달하고 물질문명이 발전하면서 하루가 아닌 다음날을 기대하고 나아가 1년 그리고 10년, 더 나아가 다음 세대에 물려줄 재산에 대한 관념이 서서히 생겨나기 시작한다. 그러다 보니 한쪽에서 부르짖었던 명예니, 애국이니 하는 문제가 이제는 모두의 문제처럼 보여지기 시작했던 것이다.

그리고 물질적 이익과 명예가 충돌하기 시작한다. 돈키호테는 기사의 명예만으로도 배고픔을 이길 수 있었겠지만, 산초는 명예보다는 배부름을 선호했다. 중세의 마지막 기사였던 돈키호테는 명예만을 고집하면서 몰락해가는 기사의 모습 그 자체였다. 물질문명의 발달이 서서히 사람들로 하여금 명예보다는 배부름을 선호하게 만들기 시작한 것이다. 사실 서구에서 일어났던 이러한 가치체계의 변화 과정은 장기적이고 느슨한 과정이었던 반면, 한반도에서는 내면적 변화의 과정이라기보다는 외적 충격을 통한 형식적 변화가 너무나 급격하게 일어난 측면이 강했다고 볼 수 있다. 그만큼 그 충격이 너무 컸고 적응에 많은 시간이 필요했다.

정치체제에 관한 이야기는 정치학의 고전적인 주제이면서 동시에 현실 정치의 가장 중요한 문제이기도 하다. 그리고 정치철학이나 정치사상이 단순히 뜬구름 잡는 이야기가 아니라 구체적인 정치 문제를 깊이 있고 총체적으로 파악할 수 있는 길을 제공한다는 점을 보여준다. 앞에서 언급한 예들에서 나타난 다양한 가치의 충돌, 개인과 공동체의 관계 등이 구체적으로 해결되는 방식은 결국 우리의 구체적인 정치체제의 문제다.

물론 정치체제의 문제를 좁게 생각하면 권력 구조의 문제로 한정할 수 있겠지만, 더 넓게 생각한다면 정치란 사회의 기본적인 틀을 형성하고, 사회에 존재하는 다양한 문제들을 인식해 그것을 진정한 사회의 문제로 만들면서 해결해나가는 방식을 결정하는 것이며, 그 틀을 제공하는 것이 정치체제다.

모든 시대와 장소를 초월해 최상의 정치체제가 존재할 수 있는지 아니면 그 사회와 그 시대에 적합한 가장 적절한 정치체제를 찾는 것이 우리의 과제인지, 그것은 우리가 탐구해보아야 할 문제일 것이다.

인간은 정치적 동물이다

여기에서 두 가지 문제를 제기할 수 있다. 하나는 정치의 문제이고, 다른 하나는 정치적 동물로서 인간의 문제다.

전자의 문제를 먼저 이야기해보자. 정치란 무엇인가? 앞에서도 언급했듯이 사람들이 모여 살기 시작하면서 정치 문제는 자연스럽게 제기되었다. 왜냐하면 서로 다른 생각과 가치판단의 기준 그리고 서로 다른 이해관계를 가진 사람들이 모이면 당연히 서로 충돌할 수밖에 없기 때문이다.

사회 내에 존재하는 다양한 재화들은 한정적인(지극히 상대적인 의미에서 한정적이다. 예를 들어 지구상에 식량의 절대량이 부족해 기아로 죽는 사람이 발생하는 것은 아니다) 까닭에 이를 둘러싸고 대립과 투쟁이 발생하고, 이들을 분배하기 위한 방식을 둘러싸고도 대립이 발생한다. 또 지구상의 나라들과 그 나라 안에 존재하는 공동체의 종류와 형태 등이 너무나도 다양하고 무수하다. 따라서 공동체들 간의 대립과 투쟁 그리고 공동체 내에서 소규모 집단들 간의 대립과 투쟁, 그리고 집단과 공동체 내에서 개인들 간의 대립과 투쟁은 끊임없이 발생하고 해결되고 다른 형태로 다시 제기된다. 이러한 갈등과 대립을 해결하는 다양한 방식

라파엘로의 〈아테네 학당〉 | 플라톤과 아리스토텔레스의 정치적 지향점이 뚜렷하게 대비된다.

과 형태를 정치라고 할 수 있다. 아울러 갈등과 대립이 사라진 사회에 대한 유토피아적 환상이 위험할 수 있다. 이는 획일화되고 계획화된 사회에 대한 환상으로 나타나기도 한다.

그리고 다른 하나, 정치적 동물로서 인간의 문제다. 르네상스 시기 대표 화가 중의 한 명이었던 라파엘로Raffaello Sanzio, 1483~1520가 그린 〈아테네 학당School of Athens〉(1509~1510)을 생각해볼 수 있다. 그림의 전면에는 두 명의 철학자, 플라톤과 아리스토텔레스가 있다. 그 둘은 스승과 제자의 관계지만, 지향하는 바에서는 차이가 있었다. 그들이 가리키고 있는 손가락을 보자. 플라톤은 하늘을, 아리스토텔레스는 땅을 가리키고 있다. 사색적 삶, 철학적 삶을 지향했던 플라톤과 현실적이고 정치적 삶을 지향했던 아리스토텔레스의 대비가 뚜렷하다.

아리스토텔레스는 '인간은 정치적 동물'이라고 했다. 아리스토텔레스 시기 경제적 활동은 먹고사는 것에 한정되었고, 그 이상의 잉여를 남기는 활동은 욕심에 불과한 것으로 간주되었다. 인간은 그러한 물질적 이익의 추구가 아니라 공적인 광장에 나와 공동체의 문제를 함께 숙고하고 토론하면서 살아가는 존재라는 것을 정치적 동물로 표현했던 것이다. 인간은 함께 살아가는 존재이기에 공통의 문제를 상의하고 의견을 교환하여 해결하고 그러한 가운데 인간으로서의 가치를 찾게 된다는 의미다. 이렇게 인간을 정치적 동물로서 이해했을 때 앞에서 제기되었던 첫 번째 문제 역시 자연스럽게 해결될 수 있을 것이다.

하지만 우리는 이러한 우리의 정체성을 망각하고서 살아가고 있다. 공동체의 문제를 절대적 권력, 흔히 말하는 빅브라더^{big brother}에게 맡기지 않고 모두가 참여하는 가운데서 해결하는 방식을 택한다면 민주주의의 문제가 해결될 수도 있다.

이 두 가지 문제를 나름대로 독특하게 사고했던 사상가가 이 책에서 다루고자 하는 몽테스키외와 토크빌이다. 무엇보다도 정치 혹은 '정치적인 것'에 대한 사상가로서 그들을 다루어보고자 하는 것이 이 책의 목적 중 하나다.

초대 2

그 많던 국가는 어디로 갔을까?

영화 〈스타워즈^{Star Wars}〉를 보다가 문득 이런 생각이 들었다. 그 많던 국가는 다 어디로 가고 하나의 별에는 하나의 국가만이 존재할까?(사실 그것을 국가라고 부를 수 있는지 잘 모르겠지만 공화국이나 왕국이라는 형태로 등장한다) 현재 지구상에는 200여 개의 국가가 존재한다. 4년마다 교대로 열리는 올림픽과 월드컵은 그러한 나라들의 존재를 미력하게나마 확인하는 계기가 된다. 2006년 월드컵에서 우리가 아프리카의 토고와 다른 조였더라도 과연 그들에게 관심을 기울였을까? 지구상에는 우리에게는 생소한 많은 나라들이 존재하고 있고, 생겨났다 없어지기도 한다.

또 괴비행물체가 지구를 파멸시킨다는 내용의 영화 〈인디펜던스 데이^{Independence Day}〉(1996)나 정체불명의 괴물이 지구를 공격하는 〈우주전쟁^{War of the Worlds}〉(2005)은 픽션이기는 하지만 영화 속 상황처럼 지구 외부에서 가해지는 공격으로 공동체의 결집력이 강해지고 그 상태를 오래 지속시킬 수도 있다. 대부분의 경우 외부의 적에 대항하다 내부의 분열을 종식시키고 통일시켜 결집된 모습을 보이기 때문이다.

나관중羅貫中, 1330?~1400이 지은 《삼국지연의三國志演義》의 시작은 다음과 같은 문구로 시작된다.

> 천하대세가 분열된 지 오래면 통일되고, 통일된 지 오래면 반드시 분열된다(分久必合 合久必分).

현재 지구상의 200여 개의 국가는 불과 수백 년 전에는 수십 개도 되지 않았다. 아니 국가라는 개념 자체가 없었다. 지금은 당연하고 자연스럽게 존재하고 받아들여지는 '국가'라는 정치공동체가 형성된 것은 그렇게 오래된 일이 아니다. 인류 역사에 존재해왔던 다양한 정치공동체의 모습들을 살펴보면서 '국가'의 의미를 되짚어보도록 하자.

우리는 지금 대한민국이라는 나라에 살고 있다. 물론 나라를 한문으로 표기하게 되면 '국(國)'이 되고, 흔히 사용하는 말로 '국가(國家)'가 된다. 하지만 '국가'라는 말도 한반도의 근대화 과정, 즉 개항 이후에 서구 언어였던 'State'를 번역하는 과정에서 생겨난 말이다. 'State'는 라틴어인 'Stato'에서 유래했다. 그것은 그리스의 도시 공동체인 'city'나 로마의 제국인 'Empire'와도 구별되는 새로운 정치공동체의 모습을 의미하는 것이었다.

마키아벨리Niccolò Machiavelli, 1469~1527는 16세기에 이탈리아의 통일을 원하면서 다양한 저작을 남겼다. 당시에는 프랑스와 에스파냐, 영국 정도가 국가의 모습을 갖추기 시작했다. 왕권을 중심으로 조세와 군사적 독점권을 확립한 중앙집권화된 체제가 서서히 형성되고 있었던 것이다. 중앙집권화된 체제를 갖춘 State의 형태는 중세의 장원제와 봉건제를 거치면서 분할되었던 영토가 왕권을 중심으로 통일되면서 나타나기 시작했다. 15~16세기 유럽에는 역사상 존재했던 다양한 공동체들이 공존하고 있었다. 이탈리아나 독일, 네덜란드 등에서는 도시 공동체인 city가 존재하고 있었고, 15세기 말에 몰락한 동로마제국과 오스트리아의 합스부르크 왕가는 제국인 Empire의 형태를, 그리고 영국, 프랑스, 에스파냐 등에서는 국가의 초기적 형태인 State가 존재하고 있었다. 세 가지의 경쟁적인 정치공동체 중에서 국가State가 다른 경쟁적인 형태들을 물리치고 유일한 정치공동체로 남게 되었다.

그리고 근대국가가 유일한 정치공동체로 자리잡는 과정에서 주요하게 작동하는 두 가지 축, 혹은 두 가지 문제는 중앙집권화된 왕권에 의한 군사적 힘의 집중과 조세권의 독점이다. 베버Max Weber, 1864~1920가 한참 후에 정리했듯이 국가 권력에 의한 폭력의 배타적 독점은 근대국가 권력의 주요한 축으로 작용한다. 그리고 경제적인 측면에서 조세권의 독점은 당연히 군사적인 힘에 기반해 이루어질 수 있었던 것이다. 이 두 가지 과정이 결합해 동시적으로 발생, 발전한 측면이 존재한 것도 사실이다. 그리고 유럽 대륙에서 이러한 과정을 가능케 하고 또 가속시켰던 요인은 십자군전쟁과 수차례에 걸쳐 벌어진 종교전쟁들이었다.

총 일곱 차례에 걸친 대규모 십자군전쟁 때문에 유럽의 많은 봉건 영주들이 군사적으로도 경제적으로도 커다란 손실을 입었고 몰락의 길을 걷게 되었다. 물론 16~17세기는 다른 어떤 시대

들보다 전쟁이 많았던 때여서, 강력한 소수의 봉건 영주에게 경제력과 군사력이 집중되고 자연스럽게 왕권으로 결집되었던 것이다.

사실상 국가는 당시 중세 봉건제의 위기 상황을 타개하기 위해 불가피하게 탄생한 측면도 있다. 물론 이러한 과정들이 순탄한 것만은 아니라는 것쯤은 짐작할 수 있을 것이다. 끊임없는 전투와 전쟁을 거치면서 이루어졌던 것이다. 직접적인 전쟁은 아니더라도 강압에 의한 동의를 얻어내는 과정도 있었다. 조세권과 군사적 권리를 빼앗는 것에 대해 자발적 동의를 얻어내는 것은 쉽지 않았을 테니까. 이 과정을 통해 국가는 근대의 정치체로서 유일한 형태로 자리잡게 된다.

'국가'라는 공동체는 이렇게 유럽에서 발생했다. 이 국가라는 형태가 19세기 말 한반도에 수입되기 시작했다. 이러한 이해는 그 이전까지 한반도에 존재해왔던 공동체의 모습을 국가라는 개념으로 봐야 한다는 생각을 버리는 것이다. 고조선, 삼국(고구려, 백제, 신라), 남북국(통일신라, 발해), 고려, 조선이라는 공동체가 반드시 근대 유럽에서 발생해 발전한 국가의 형태였다고 볼 필요는 없다. 그 자체로 새로운 형태의 공동체의 모습을 가지고 있었다고 보는 것이 오히려 타당하다. 월드컵이나 올림픽 등 국가 간 경쟁을 유발하는 다양한 운동 경기나 유엔과 OECD 같은 연합 기구 등을 통해 나라별로 등수를 매기거나 하는 일들은 모두 20세기에 들어서야 등장한 일들이다.

이러한 역사적 사실들을 염두에 두면서 최근 정치공동체의 변화들을 주의해서 살펴볼 필요도 있다. 지구화가 가속되면서 동시에 각 지역별로 다양한 모습을 띤 블록화 현상이 눈에 띄게 증가하고 있다. 최근 유럽에서 진행되고 있는 유럽연합은 좀 더 구체화된 모습을 가지고 등장했다. 유럽연합은 지금까지 존재해왔던 공동체와는 다른 새로운 정치공동체의 모습을 띨지도 모른다. 사실 15~16세기에 누가 오늘날의 모습이 지금과 같으리라고 상상할 수 있었겠는가?

초대 3

왜 몽테스키외와 토크빌인가?

어쩌면 25세기쯤에는 지구상에 국가는 사라지고 새로운 형태의 공동체가 등장할 수도 있다. 물론 그러한 변화가 공동체의 더 나은 삶을 보장할 수 있을지에 대해서는 확신할 수 없다. 여러분은 500년 전의 삶에 비해 지금의 삶이 더 나은 삶이라고 자신 있게 말할 수 있는가?

앞서 제시한 문제들을 좀 더 깊이 살펴보기 위해 우리는 근대 국가와 사회의 모습이 형성되는 시점에서 그러한 문제들을 깊이 있게 고민했던 두 명의 정치 사상가를 살펴볼 것이다. 한 명은 18세기 프랑스의 사상가로서 《법의 정신 L'Esprit des lois》(1748)을 저술한 몽테스키외 Montesquieu, 1689~1755이고, 다른 한 명은 역시 프랑스 사상가로 《미국의 민주주의 De la démocratie en Amérique》(1835, 1840)를 저술한 알렉시스 드 토크빌 Alexis de Tocqueville, 1805~1859이다.

이들은 모두 프랑스인이었기 때문에 당대 프랑스 정치에 대해 고민하며 나름의 답변을 찾으려 했다. 각각 18, 19세기라는 차이가 있지만 근대 국민국가라는 정치체의 틀이 형성되고 자리잡아 가고 있는 시점이라는 점에서, 우리가 살고 있는 근대의 정치공 동체의 고민을 잘 드러내주고 있다. 두 사상가 사이에는 세계사 적인 사건으로 1789년에 발생한 프랑스 혁명이 존재한다는 것도 의미 있는 일이다. 고대 그리스에 존재했다가 사라졌던 민주주 의의 문제가 프랑스 혁명을 통해 새롭게 제기되었으며, '국민 nation'이 주권자로 선언되었다는 점에서 분명한 전환점이었다.

그렇다면 왜 몽테스키외이고 왜 토크빌인가? 이 질문에 답하 기 앞서 그동안 우리가 이해해왔던 몽테스키외와 토크빌에 대해 간략히 살펴보자. 몽테스키외 하면 떠오르는 것이 '권력분립' 이 론이다. 또한 그가 쓴 책이 《법의 정신》이다 보니 법학도와 관련 있겠다는 생각을 갖게 되는 것도 사실이다. 얼핏 권력분립과 법 학이라는 대응이 맞아떨어지는 것처럼 느껴지기도 한다. 하지만 두 가지 모두는 몽테스키외의 사상을 지나치게 협소하게 만들거 나 왜곡시키는 결과를 낳는다. 누구 하면 어떤 이론 혹은 어떤 철학이라는 등식을 통해 이해하고 암기하는 것은 지적 유희에 지나지 않는다. 이것은 18세기 초·중반 몽테스키외가 '권력분 립'을 말하고 '법의 정신'이라는 개념을 통해 전달하고자 했던 의 도를 간과한 채 결론만을 인용해 현재의 시점에 적용하려는 생 각에서 나온 단편적인 해석이다. 혹은 현재의 시점에 억지로 끼 워 맞춘 인용일 수도 있다. 군이 몽테스키외를 들먹이지 않더라 도 '권력분립'이 필요하면 그것을 실행하면 되지 않는가?

토크빌은 어떠한가? 사실 토크빌이라는 이름은 생소하기까지 하다. 그만큼 오랫동안 잊혀졌던 사상가다. 토크빌을 읽고 그를 이야기하던 시기는 그가 《미국의 민주주의》를 쓴 직후와 그의 사후 몇 년간이었고 거의 100여 년 이상 그에 대한 이야기는 없었다. 그의 사후에 광범위하게 그가 읽혔던 이유는 무엇보다도 민주주의에 대한 그의 인식이 독특하기도 했고 예언적인 부분도 상당수 존재했기 때문이었다. 또 그 예언들이 맞아떨어진 부분도 꽤 되었기에 그의 의견은 광범위하게 수용되었다. 그 시기 프랑스 자유주의자들은 민주주의 사회에 조응하는 민주주의적 정부를 구성하는 것을 자신들의 임무라고 여겼다. 하지만 19세기 말 다른 유럽 국가들이 서서히 민주주의를 수용하고 제도화해가면서 더 이상 토크빌의 이론은 존재하지 않게 되었고 잊혀졌던 것이다. 그러다가 거의 한 세기가 지난 1970년대에 와서야 다시 토크빌을 이야기하기 시작했고, 최근 그는 가장 광범위하게 읽히는 사상가 중의 하나가 되었다.

토크빌이 재발견된 가장 큰 이유 중의 하나는 우리가 앞에서 언급한 일련의 문제들과 관련이 있다. 토크빌은 미국을 예로 들어 개인주의의 확장이 민주주의를 왜곡하게 될 가능성이 있다고 지적했으며, 동시에 민주주의적 해결 방안에 대해 여러 경고를 던져 오늘날의 고민을 충분히 예언했던 것이다. 몽테스키외 역시 토크빌보다 한 세기 앞서 유사한 고민을 했다. 공화정에 대한 애착을 가지고 있던 몽테스키외는 당시의 시대적 흐름이라고 할 수 있는 상업의 발달이 가져오는 경향들 즉 자유주의의 확대를 적절하게 흡수하려 했다. 몽테스키외와 토크빌은 자유주의적 개인의 성장이라는 현실과 개인이 공동체에 대해 지녀야 할 공동체 구성원으로서, 즉 시민으로서의 의식을 적절하게 결합시키려

했다.

토크빌이 《미국의 민주주의》 1권을 펴냈을 때 사람들은 그를 '19세기의 몽테스키외'라고 칭했다. 나중에 보겠지만 사실 그는 방법론에서나 정치적 입장에서나 한 세기 전의 몽테스키외와 유사한 점을 많이 지니고 있다. 하지만 몽테스키외와 토크빌이 부딪혔던 당시의 문제는 한 세기라는 시간적인 차이만큼이나 서로 다른 문제였음은 물론이다.

그렇다면 몽테스키외 그리고 토크빌의 사상을 이해한다는 것은 무엇을 의미하는가? 우선은 그들이 남긴 책이나 글을 잘 이해하는 것이다. 사실 말이나 글을 정확히 이해한다는 것은 상당히 힘든 일이다. 우리는 몽테스키외와 토크빌의 말과 글들을 그들이 살았던 시대적 상황 속에 위치시키고 그들이 소통했던 맥락 속에서 파악해보고자 한다. 즉 그들의 텍스트^{text}를 둘러싸고 ^{con} 있는 맥락^{context} 속에 위치시킴으로써 그들의 '의도'를 이해하는 방식으로 해석하려는 것이다. 따라서 그들의 사상에 대한 이해는 그들이 살았던 시대의 역사에 대한 이해와 더불어 진행되어야 할 것이다.

Montesquieu

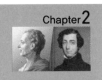

Chapter 2

만남

MEETING

Tocqueville

만남 1

몽테스키외와 그의 시대

몽테스키외의 지적 여정

몽테스키외는 1689년 1월 18일 프랑스 남서부 보르도^{Bordeaux}와 툴루즈^{Toulouse} 사이에 있는 조그마한 마을 라 브레드^{La Brède}에서 태어났다. 몽테스키외의 집안은 법률 귀족 집안으로 큰아버지가 보르도의 법원장이었으며, 그에게 자손이 없었기 때문에 몽테스키외에게 그 자리를 물려줄 예정이었다. 큰아버지의 뜻에 따라 보르도 대학에서 3년 동안 법학을 공부한 몽테스키외는 이후 변호사 생활을 시작했으며, 파리에서 활동하기도 했다.

몽테스키외의 파리 생활에 대해 알려진 바는 별로 없지만, 당시 문화계의 영향을 받아 이국적인 것에 관심을 가졌을 것으로 보인다. 당시에는 마라나 ^{Giovanni P. Marana, 1642~1693}의 《터키의 첩자^{Turkish Spy}》(1686)를 비롯해 갈랑^{Antoine Galland, 1646~1715}에 의해 완성된 《천일야화^{Les Mille et Une Nuits}》(1704~1717), 장 샤르댕^{Jean Chardin, 1643~1713}

의 《페르시아 여행기 Voyages de monsieur le chevalier Chardin en Perse et autres lieux de l'orient》(1711) 등이 출판되었다. 그는 파리에 체류할 당시 살롱이나 아카데미에 드나들면서 계몽주의의 흐름을 잘 인식하게 되었고 그 영향을 받았다.

1714년 아버지의 사망으로 유산을 상속받고, 1716년 큰아버지의 사망으로 보르도 법원장직을 이어받게 된다. 법원장에 취임해서도 보르도 아카데미에 가입하는 등 법원 일보다는 학구적인 활동에 더 많은 관심을 가졌다. 그 관심 분야 역시 다방면이었다. 1716년에는 〈종교에 있어서의 로마인의 정치 Politique des Romains dans la religion〉 및 〈사고들의 체계 Système des Idées〉를 아카데미에서 발표했다. 이 외에도 몽테스키외는 물리학이나 박물학에도 관심을 가지고 있었다. 1717년에는 그의 이름을 세상에 알리게 한 《페르시아인의 편지 *Lettres persanes》(1721)를 집필하기 시작해 1720년에 완성한다. 그는 이 책을 파리의 데보르드 Desbordes라는 출판사를 통해 익명으로 출판했다.

당시는 도서 검열이 존재하는 시대였으므로 《페르시아인의 편지》와 같이 사회 풍자 서적을 출판하는 것은 일종의 모험이었다. 위스베크 Usbek라는 페르시아인의 입을 통해 루이 14세의 전제정치를 비판한 《페르시아인의 편지》는 커다란 반향을 일으켰다. 이 책으로 몽테스키외는 파리의 사교계와 문화계의 지식인

➕ 《페르시아인의 편지》

1721년 익명으로 출판한 몽테스키외의 소설이다. 이 책은 유럽을 방문한 두 페르시아인이 그 인상을 친구에게 써 보내는 형식으로, 모두 160통의 편지로 이루어졌다. 작품의 중심은 당시의 프랑스 사회에 대한 신랄한 비판으로, 18세기 초엽의 정치·경제·종교·재판 제도 등을 비롯해 각종 풍속에 이르기까지 차례로 풍자의 대상이 되었다.

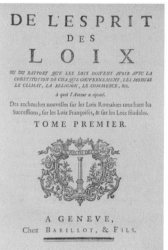

몽테스키외와 《법의 정신》 ┃ 3년여의 기간 동안 여러 나라를 여행하며 각 나라의 제도와 관습에 대한 자료를 수집해 완성했다.

들과 많은 친분을 맺을 수 있었다. 그리고 이를 계기로 그는 아카데미 회원이 될 수 있었다.

아카데미 회원이 된 1727년 그는 《법의 정신》에 대한 집필을 구상했고, 이 방대한 저작을 위해 여러 나라의 제도와 관습을 견학하기 위한 여행을 시작했다. 이 여행은 약 3년에 걸쳐 이루어졌는데 오스트리아와 이탈리아에서 15개월을 보냈고, 독일과 네덜란드, 영국 등지에서 21개월을 보냈다. 그는 이러한 여행 중에도 항상 메모를 하면서 자료를 수집했다. 영국 여행 중에는 왕립과학협회 회원으로 추대되기도 했다. 그는 특히 영국의 정치 제도에 깊은 관심을 가졌다. 그의 여행 노트에는 영국의 정치 제도에 대한 깊은 인상이 그대로 남겨 있고, 이는 이후 《법의 정신》으로 이어진다. 그는 여행 노트에 다음과 같이 적고 있다.

영국은 현재 세계에서 가장 자유로운 나라다. 나는 어떠한 공화국도 제외하지 않고 그렇게 말한다. 내가 자유롭다고 말한 것은 군주의 권력이 법률에 의해 견제, 제한되고 있으므로 군주는 그 누구에게도 어떠한 해악을 주는 권력을 가지고 있지 않기 때문이다.

파리로 돌아온 몽테스키외는 2년여에 걸쳐 수집했던 자료들을 정리하고 제고하면서 본격적인 집필 작업을 준비했다. 《법의 정신》서문에서 '20년간의 나의 저작이 시작되어 성장하고 진척되어 완성되었다'라고 한 것은 바로 이 시기를 의미한 것이다. 그는 서재에 3,000여 권의 장서를 구비한 후, 장기간 동안 19명의 비서를 동원해 그간 작성한 노트와 수집한 자료들을 지리, 정치, 정치사, 법률, 신화, 세계사, 상업 등으로 분류한다. 1742년 초에 원고의 4분의 3이 완성되고 1745년에는 원고의 두 번째 추가 작업이 시작되어 그해 말에 집필이 완성되었다. 《법의 정신》은 1748년 말에 출간되었으며 몽테스키외는 이 책을 준비하는 과정에서 《로마의 흥망성쇠의 원인에 대한 고찰 Considérations sur les causes de la grandeur des Romans et de leur décadence》(1734)이란 글을 발표했다. 이 글은 특히 로마의 공화주의적 정신에 대한 흥미로운 고찰을 담고 있고, 내용적인 측면에서 이후 《법의 정신》에 대부분 편입된다.

《법의 정신》은 2년이 못 되어 22판이 나왔고, 프랑스뿐만 아니라 이웃인 영국, 오스트리아, 이탈리아에서도 호평을 받았다.

18세기는 어디쯤 있을까?

역사를 이야기하다 보면 몇 세기 혹은 몇 년을 거론하면서 사건들을 나열하곤 하지만 내가 경험하지 않은 시기와 장소는 나와 무관한 역사적 시공간이 되면서 어느덧 멀리 사라져버린다. 이러한 괴리감 때문이라도 가능한 한 몽테스키외가 살았던 18세기를 우리의 18세기와 비추어 가늠해보는 것이 좋겠다. 우리나라의 18세기는 영조와 정조의 재위 시점이다.

프랑스의 18세기는 몽테스키외와 루소 Jean-Jacques Rousseau, 1712~1778를 비롯해 볼테르 Voltaire, 1694~1778, 디드로 Denis Diderot, 1713~1784, 달랑베르 Jean R. d'Alembert, 1717~1783로 대표되는 백과전서파˚ Encyclopédistes 등 다양한 사상적 흐름이 다양한 분야에서 활동하면서 꽃을 피운 시기다. 조선 역시 영정조 시대는 실학 사상이 꽃을 피우면서 나름대로 학문적 르네상스를 맞았던 때다. 하지만 프랑스가 계몽주의의 직간접적 영향하에서 프랑스 혁명이라는 거대한 정치적 실험을 통해 근대국가로 성큼 나아갔다면, 조선의 18세기는 정조의 급사를 끝으로 세도정치라는 암흑기로 들어서게 되었다. 결국 일본과 서구 열강에 의한 강제적 개항이라는 방법을 통해

➕ 백과전서파

18세기 프랑스에서 《백과전서Encyclopédie》(1751~1781)의 집필과 간행에 참여한 계몽 사상가의 집단. 원래 《백과전서》는 프랑스 혁명 발발 전인 앙시앵레짐(구체제)하에서 디드로, 달랑베르 등의 감수를 받아 당시의 학문과 기술을 집대성한 대규모 출판 사업으로, 전체적인 사상적 통일은 이루지 못했으나 '이성'을 주장하고 신학·교회에 대한 강한 비판을 보였기 때문에, 발행 금지 등의 탄압을 받았다. 프랑스의 일류 계몽사상가들의 집필로 1751년 제1권이 출판되고, 이어 1772년까지 본문 19권, 도판 11권의 대사전이 완성되었다.

근대로의 길을 걷게 된 것이다.

역사를 돌아보면 아쉬움이 남는다. 아마 이인화의 소설 《영원한 제국》(1993)은 정조가 서구에서와 같은 절대주의 왕권 확립에 실패한 것에 대한 아쉬움의 표현일 게다. 그렇다고 그 역할을 박정희에게 기대할 수는 없겠지만……

그렇다면 18세기 프랑스에서는 무슨 일이 일어났을까?

"짐이 곧 국가다"

"짐이 곧 국가다(l'État c'est moi)." 이는 프랑스의 대표적인 절대군주 루이 14세의 말이라고 전해진다. 사실 루이 14세가 이 말을 했는지 안 했는지는 확인이 불가능하고 또 별로 중요하지 않을 수 있다. 하지만 프랑스 절대군주를 전형적으로 잘 드러내고 있는 것만은 사실이다. 그만큼 국왕의 권력과 권위가 절대적이었음을 의미하기 때문이다. 이미 몽테스키외가 살았던 18세기에 국가State는 유럽 유일의 정치체 모습을 띠기 시작했다. 비록 이탈리아에 마키아벨리가 바랐던 통일국가가 성립되지 못했고, 아직도 베네치아와 같은 도시공동체가 있었으며 독일 역시 통일된 국가를 갖기 위해 한 세기를 더 기다려야 했지만 말이다.

몽테스키외가 살았던 프랑스의 18세기는 이미 상당 기간 동안 절대왕정의 지배하에서 통일된 국가의 모습을 갖추고 있었다. 무엇보다도 중앙정부에서 파견한 관리들이 세금을 거두어들이고 있었다. 어느 시대나 세금을 통한 재정의 확보가 한 나라의 존속을 유지하는 데 가장 중요한 요소였다. 지방의 영주가 대충 알아서 세금을 내던 체계에서 중앙의 관리가 왕의 명령이라는 이름으로 거두어들이는 세금에는 분명 큰 차이가 있었다. 그만큼 왕의 지배권이 지방에까지 미쳤음을 의미한다. 몽테스키외가 활동했던 시기는 루이 14세의 '태양왕le Roi-Soleil 시대'부터 루이 15세의 재위 기간(1715~1774)이다. 즉 프랑스에서 왕의 권력이 절정을 이루고 있었던 시점이다. 물론 루이 14세가 죽고 난 후 서서히 내리막길에 들어섰던 것도 사실이다.

이 절대왕정은 지방 봉건귀족의 힘을 약화시키고 중앙집권화된 근대국가 체계를 이루기 시작한다. 중세 이래로 국왕은 두 개의 몸을 가지고 있다고 상징화되었다. 하나는 보통의 사람과 같은 물리적 신체이고, 다른 하나는 왕국이라는 정치체와 일치하는 몸으로서 영속적인 몸이었다.

프랑스의 절대왕정이 형성되는 초창기를 배경으로 한 영화 중에 〈여왕 마고La Reine Margot〉(1994)라는 작품이 있다. 여기에는 16세기 가톨릭교도들이 화해하기 위해 모인 위그노교도 2만 명을 학살한 성바르톨로메오 학살사건*이 등장한다. 영화에서 앙리 2세가 독살당하고 바로 앙리 3세가 등극하는 장면이 나오는데 앙리 2세의 죽음 이후 신하들이 외친 한마디가 바로 "국왕은 죽었다! 국왕 만세!Le Roi est mort! Vive le Roi!"였다. 즉 물리적 신체는 죽었지만mort, 그럼에도 불구하고 상징적 존재로서 정치체와 동일시되는 국왕은 영속적으로 살아 있다vive는 외침이다. 여기에서 왕의 신체는 왕국과 동일시된다.

이러한 관념은 우리나라의 역사에도 등장한다. 단군이 2,000년을 살았다는 신화는 말 그대로 신화이지만 동시에 단군이라는 영속적인 몸에 의해 표상되는 정치체는 물리적인 신체의 죽음에도 불구하고 2,000년 동안 지속되었다는 의미다.

18세기 초반 영국에서는 이미 두 번의 혁명, 즉 17세기의 청교도 혁명과 명예 혁명을 치르고 나서 왕과 귀족 혹은 부르주아 등 사회 세력들 간의 권력을 둘러싼 타협이 진행되고 있었다. 그리고 그러한 사건의 배경에는 홉스^{Thomas Hobbes, 1588~1679}나 로크^{John Locke, 1632~1704}의 사회계약 이론과, '군주는 시민으로부터 통치를 위임받은 자'라는 생각이 존재했다.

하지만 이러한 사상은 프랑스에서 크게 주목받지 못했다. 오히려 프랑스에는 왕권에 대한 합리적인 모색이 두드러졌다고 할 수 있다. 보댕^{Jean Bodin, 1530~1596} 이래 군주의 주권을 법률적으로 합리화하고 강화하려는 경향이 프랑스에는 강하게 존재했다. 보댕은 자신의 《국가론^{Les Six livres de la République}》(1576)에서 주권 개념을 정교화했다. 그는 국가를 둘러싸고 있던 오랜 신비의 장막,

---

➕ **성바르톨로메오 학살 사건**

1572년 8월 24일 밤 12시를 기해 가톨릭 교도들이 위그노교도를 무차별 학살한 사건을 말한다. 이날 파리에서 1만 2,000여 명, 전국적으로 2만 명 이상의 위그노교도가 학살되었다고 한다. 샤를 9세의 어머니 카트린 드 메디시스(Catherine dé Medicis, 1519~1589)는 위그노교도인 콜리니 장군의 왕에 대한 영향력이 커질 것을 염려한 나머지 가톨릭교도인 기즈가(家)가 계획한 콜리니 암살을 승인했으나 실패했다. 왕이 이를 조사하자 암살 음모가 탄로날 것을 두려워한 카트린 드 메디시스는 파리에 모인 위그노 지도자들의 암살 계획을 꾸몄고, 8월 24일 새벽, 가톨릭교도들의 위그노들에 대한 무차별 대학살이 시작된다.

《국가론》을 통해 주권의 개념을 정교하게 만든 보댕

즉 종교적 외피를 걷어냈고, 동시에 힘에 대한 법의 승리와 봉건 영주들의 권력 분할에 대한 통일적이고 중앙집권적인 군주의 주권을 표현하고자 했다. 보댕의 주장은 당시 신교도의 저항 운동에 의해 발생한 내란과 반란의 위험으로부터 군주의 권력을 강화하려는 것이었고, 분할된 정치체에 통일성을 부여하는 군주의 역할을 강조하는 것이었다. 그는 왕권이 신으로부터 유래했다기보다는 국가의 유지라는 목적을 위해 존재하는 세속적 목적을 갖는 데서 그 정당성을 찾고자 했다. 왕이 신으로부터 왕권을 부여받은 것이 아니라 그 자체로 존재할 수 있는 명분을 찾은 것이다.

이런 왕권 강화 경향은 루이 13세 시기 리슐리외 $^{Richelieu, 1585~1642}$를 거쳐 루이 14세에 이르면서 절대주의 왕권으로 귀결된다. 이 과정에서 리슐리외가 귀족의 영향력과 파리최고법원의 권한을 약화시키려 하자 이에 대한 반발로 귀족들은 '프롱드^{Fronde}의 난'을 일으켰고, 그것의 실패는 결국 태양왕 루이 14세의 탄생을 가져온다. 파리 외곽에 자리한 베르사유 궁의 증축은 루이 14세의 권위를 표현한 결정체다. 거대한 왕궁과 넓은 공간에 반듯하게 짜여진 정원은 절대 권력 앞에 정렬한 병사들의 모습을 연상시킨다. 물론 그 정원은 다른 한편으로 근대의 합리적 이성을 표현한 것이기도 하다.

절대주의 왕정의 신성주권론을 강조한 대표적인 이론가 중의 하나가 보쉬에^{Jacques B. Bossuet, 1627~1704}다. 그는 계약론을 비판하면서 종교적 기원과 신적 성격을 갖는 사회, 부정의와 무질서를 없애는 국가주권의 신성함과 불가침성을 강조하고, 개인의 권리와 자유에 대한 부정 등을 특징으로 하는 신성주권론을 통한 절대주의 이론을 발전시켰다.

하지만 이와 같이 군주의 권력을 절대화하려는 경향에 대항해 다른 한편에서는 그 주권을 제한하려는 시도와 사고들이 서서히 등장하게 된다. 당시 프랑스에서 쟁점이 되었던 것은 군주제냐 공화제냐가 아니라 절대군주제냐 제한군주제냐의 문제였다.

가깝고도 먼 이웃나라 영국

프랑스에서는 절대왕정의 힘이 강해지면서 상대적으로 귀족들

➕ 프롱드의 난

프랑스 부르봉 왕권에 대한 귀족 세력의 반항으로 일어난 내란(1648~1653). 1643년 미성년자인 루이 14세를 대신한 모후 안 도트리슈(Anne d'Autriche, 1601~1666)가 마자랭(Mazarin, 1602~1661)을 재상으로 등용해 정권을 잡고 있었을 때, 파리고등법원을 중심으로 관직을 보유한 귀족층이 왕정에 반기를 들어 반항했다. 귀족 세력과 왕당파 간의 내전이 전개되면서 왕실이 파리 퇴각과 귀환을 반복하다가 결국 왕당파가 최종적으로 귀족 세력을 진압했고, 부르봉가의 절대왕권이 확립되었다.

의 힘이 약해졌다. 이러한 왕권의 강화와 귀족의 약화는 일종의 악순환같이 반복되었다. 반면에 바다 건너 영국에서는 13세기 마그나 카르타^{Magna Carta} 이래 귀족들이 왕권을 제한하려는 움직임이 지속적으로 존재했다. 원래 유럽에서 의회가 탄생한 이유는 국왕이 세금을 부과하기 위해 귀족들의 동의를 얻어내는 과정에서 형성된 것이다. 프랑스에는 의회 성격을 지니는 것으로 삼부회^{États généraux}가 있었고, 이는 귀족, 사제, 시민 계급으로 구성되었다. 하지만 절대왕정이 강화되면서 1614년의 소집을 마지막으로 삼부회는 소집되지 않았다. 그만큼 국왕의 전횡이 가능했던 것이다.

반면에 영국은 의회의 지속적인 견제가 있었는데 그것이 가능했던 이유는 여러 가지가 있다. 역사에서는 우연한 사건이 개입되어 엄청난 사건을 가져오는 경우가 간혹 있다. 물론 그 우연 역시 필연 속에서 발생한 것이라면 어쩔 수 없겠지만. 형의 미망인인 캐서린과 결혼한 헨리 8세는 둘 사이에 생긴 아들들이 유산되거나 유아 때 죽고 딸 메리만이 남자 이혼을 생각한다. 더구나 앤 불린이라는 젊고 매혹적인 처녀와 사랑에 빠져 교황에게 이혼을 허락받지 못할 것 같자 의회를 통한 방법을 생각해낸다. 당시 재상이었던 토머스 크롬웰^{Thomas Cromwell, 1485~1540}의 구상에 따라 의회는 잉글랜드 교회를 로마로부터 독립시켜 잉글랜드 국교회^{Church of England}를 설립하고 왕을 교회의 수장^{Supreme Head}으로 인정하는 법을 통과시켰다(1534). 이것이 영국 국교회의 성립이다. 헨리 8세는 세속 권력의 수장이자 영국 국교회의 수장으로 자신의 위치를 확립시킨다. 이러한 상황에서 국왕은 귀족 세력마저 내부의 적으로 만들 수는 없었다. 대륙과 떨어진 섬이라는 지리적 위치에 덧붙여 이제 대륙의 교황청 지배로부터도 독립한 영국으로서는 내부 대립을 최소화하는 방식으로 자신의 생존을 유지했다. 물론 이러한 타협과 화해의 상황이 끝까지 지속된 것은 아니었다. 1648년 청교도 혁명은 국교회의 완강함이 가져온 결과였다. 찰스 1세의 목이 잘렸고, 올리버 크롬웰^{Oliver Cromwell, 1599~1658}이 주도하는 공화정의 시대가 20년 정도 지속되었다. 역사는 승리자의 역사라고 했던가. 영국에서는 이 시기를 공화정이라고 부르기보다는 '공위시대^{Interregnum}'라 부른다. 왕이 자리를 비운 시기이지 공화정이 성립한 것은 아니었다는 것을 강조하기 위한 현재 영국 왕정의 의지 때문일까?

또한 1688년 제임스 2세가 다시 한 번 왕권을 강화하려 하자 이에 맞서 영국 의회는 메리 2세와 윌리엄 3세 부부를 끌어들여 새로운 왕으로 옹립한다. 이런 왕권 교체의 과정에서 피를 흘리지 않았기 때문에 이를 명예 혁명이라 부른다. 이렇듯 영국은 일찍부터 왕권과 귀족 세력의 타협을 통해 절대주의 왕정의 시도를 막아왔다. 왕과 귀족이 권력을 분점하는 형태로 정치체를 형성했던 것이다. 물론 지금은 왕의 거의 모든 권력이 의회로 넘어가 있다.

프랑스의 보쉬에가 당시 홉스의 영향을 받아 절대주권론을 발전시켰다고 알려져 있다. 하지만 홉스의 경우 절대군주의 정당성을 개인에서 출발했고, 개인의 권리를 보장해줘야 하는 것이 군주의 의무라고 규정하면서 근대 정치사상의 기반을 마련했다. 비록 귀결점이 절대군주이지만, 그 권력의 정당성을 개인에서 찾았다는 점에서 장기적으로 본다면 근대 개인주의적 정치 이론의 출발점을 형성했다고 볼 수 있다. 즉 정치적 주체로서 개인을 설정했던 것인데, 그러한 논의를 극한점까지 밀고 나간 사람이 바로 토크빌이다. 반면 보쉬에의 경우는 오히려 신학에 기반해 절대군주의 주권을 정당화했다는 점에서 큰 차별성을 갖는다.

그리고 그 반대편, 즉 군주의 주권을 제한하려는 움직임과 사상을 보면, 영국의 경우 로크의 계약론과 소유권을 중심으로 하는 자연권 사상 그리고 저항권 등이 광범하게 유포되어 있었다. 반면에 프랑스는 비록 로크의 《통치론Two Treatises of Goverment》(1689)이 여섯 차례나 간행되고, 휘호 호로티위스Hugo Grotius, 1583~1645, 푸펜도르프Samuel Pufendorf, 1632~1694 등 자연권 이론가들의 논의가 널리 알려졌음에도 불구하고 큰 반향을 일으키지는 못했다. 오히려 프랑스에서 중요하게 생각한 것은 과거의 모범적인 제도, 즉 '관습헌법constitution'이었다. 이를 주장했던 이들은, 몽테스키외보다 약간 앞선 세대로 페늘롱Fénelon, 1651~1715, 생시몽 공작Duc de Saint-Simon, 1675~1755, 불랭비예Boulainvillers, 1658~1722 등이 있다.

여기서 잠깐 '헌법constitution'의 의미를 알아보자. 18세기 초반 프랑스의 사상가들은 전통적으로 존재해온 정치체의 원리 혹은 규칙이라는 의미로 이 단어를 사용했다. 오늘날의 헌법과 같이 명확하게 성문화된 규정이라는 의미라기보다는 '관습'의 의미가 강했다. 예를 들어 왕은 어떠어떠해야 한다든가, 이러저러한 이해관계의 충돌이나 권력들 간의 다툼이 있을 때 어떠한 방식으로 해결해야 한다든가 하는 식으로, 당시 사람들이 인식하고 있는 상식 수준에서의 판단이었다. 하지만 이러한 것은 정치 권력과 관련한 상식의 문제였다. 따라서 몽테스키외 역시 《법의 정신》에서 '영국의 정체constitution'에 대해 서술하고 있지만, 영국에 성문화된 헌법이 없는 상황에서 그것이 가리키는 것은 영국의 정치체를 둘러싼 관습적이고도 상식적인 수준의 규정들을 의미하는 것이었다.

당시 프랑스 헌법의 존재를 부각시켰던 대표적 인물은 페늘롱이다. 그는 1710년 루이 14세에게 보낸 편지에서 프랑스의 비참한 상황이 전제정치의 과도함에서 기인한다고 주장하면서, 자의적인 착취와 불공평한 과세, 신민들의 재산에 대한 침해 등을 비판했다. 또한 그는 인권의 존중을 주장하고 개개인들을 위한 법적 보장을 요구했으며, 전제주의를 제거하기 위해 왕도 법을 지켜야 하며, 특히 귀족제적 요소가 정부에 반영되는 프랑스의 전통적인 정치체제를 회복할 것을 주장했다.

몽테스키외 역시 《페르시아인의 편지》에서 페르시아인 위스베크의 입을 통해 프랑스의 전제정치를 비판하고 있다. 그는 루이 14세의 폭정과 불안정한 화폐가치, 거머리 같은 조신들에 대한 비판들을 제기했다. 기본적으로 전제주의는 질서를 유지할 능력이 없으며, 그 때문에 자유주의 국가보다는 전제주의 국가에서 훨씬 더 잔인한 혁명이 발생할 가능성이 높다는 점을 지적한 것이다. 또한 그는 종교적 관용에 대해서도 강력하게 주장했다. 실제로 한 나라에 여러 종교가 있다는 사실은 바람직한 현상이라고 말하면서, 일반적으로 여러 종교를 인정하는 곳에 사는 사람은 한 종교가 지배하는 곳에 사는 사람보다 조국에 더욱 유용한 존재가 된다고 주장했던 것이다.

몽테스키외가 1754년판 《페르시아인의 편지》의 서문에서 주장했듯이 이 작품의 독창성은 서간체 소설epistolary novel이라는 새로운 문학 장르를 창안했다는 데 있다. 그는 서간체 소설을 통해 등장인물들의 다양한 목소리로 여러 가지 이야기를 전달하고자 했다. 심지어 모순된 듯한 목소리까지 드러내 보이고자 했다. 그는 〈서문〉에서 《페르시아인의 편지》가 관심을 끈 것은 무엇보다도 일종의 새로운 소설이 그 속에서 발견되었기 때문이라고 밝히고 있다. 한 평자가 말했듯 《페르시아인의 편지》는 몽테스키외의 초기 작품이긴 하지만 '진정한 정치학을 성립시키기 위한 의욕'을 보이고 있고, 그 속에 배태된 자연법 사상과 이성 등의 개념은 이후 《법의 정신》에서 잘 드러나게 된다.

나중에 몽테스키외는 《법의 정신》에서 영국에 관해 자주 언급했고, 영국의 정체에 대해서는 하나의 장章을 할애해 언급하기까지 했다.

나중에 보게 될 토크빌 역시 영국을 여행하면서 영국의 정치제도를 충분히 이해하고 그에 대해 부러움을 표하기도 한다. 몽테스키외와 토크빌에게 영국은 특별한 의미를 지니고 있었다. 무엇보다도 부러움의 대상이었던 것은 분명했다. 몽테스키외는 영국을 군주의 권력이 제한되면서 전제정으로 흐르지 않고 공화정을 실현하고 있는 정치체제로 여겼고, 토크빌은 민주주의 시대에 혁명을 거치지 않고도 안정된 정치체제를 유지하고 있는 나라로 인식했다.

모두가 예외인가, 프랑스가 예외인가?

대개의 사람들은 자국의 역사가 특별하길 원한다. 미국의 대표적 정치학자 시모어 립셋^{Seymour M. Lipset, 1922~}은 《미국 예외주의^{American Exceptionnalism}》(1996)라는 책을 통해 자국 역사의 예외성을 강조했다. 미국은 봉건제 등의 역사를 가지지 않았으므로 이후 근대화의 길에서 세계사적인 보편성으로부터 구별되는, 특수한 예외의 길을 걷게 되었다는 것이다. 프랑스의 역사가들도 자국의 역사적 특수성을 강조하면서 프랑스 예외주의를 이야기한다. 이들이 프랑스 역사의 예외적 특성으로 제시하는 것은 당연히 프랑스 혁명이다. 혁명을 통해 왕정을 제거하고 국민주권을 선언하면서 근대 국민국가를 확립했다는 특수성이 제시된다. 사실 유럽의 여러 나라 중 혁명을 통해 왕정에서 공화정으로 이행한 나라는 프랑스밖에 없다. 유럽 대부분의 국가들은 형식적으로라도 왕정을 유지하고 있다. 그중 예외가 프랑스, 독일, 이탈리아, 포르투갈 등이다. 하지만 독일은 두 번의 세계대전의 책임이 있는 나라, 즉 제2제국(1871~1918)이 제1차 세계대전의 책임을 지고 바이마르 공화국으로, 히틀러의 제3제국은 또 제2차 세계대전 이후 본^{Bonn} 공화국을 거쳐 베를린의 인민공화국으로 전파되었다는 점, 그리고 이탈리아에는 교황이 있다는 점을 볼 때 분명 프랑스가 예외인 것이 사실이라고 할 수 있다.

하지만 프랑스도 역시 왕권과 귀족의 타협을 통해 혁명이 아닌 개혁적 방식, 즉 영국과 유사한 길을 통한 근대 정치체의 건설이 가능하지 않았을까? 물론 그런 가능성이 있었다 하더라도 현실적으로 실현 가능했겠느냐라는 문제는 남는다.

사실 라신^{Jean-Baptiste Racine, 1639~1699}이나 몰리에르^{Molière, 1622~1673}가 자신들의 희곡에서 그리고 있듯이, 프랑스의 경우 루이 14세 이후 왕권의 절대적인 힘 앞에 귀족 세력은 이미 현실적인 힘을 상실했던 것으로 보인다. 특히 몰리에르는 프랑스의 귀족들을 군주 옆에서 재롱을 떠는 개나 고양이로 묘사한다. 베르사유의 거대한 궁전은 귀족들의 저택들이 둘러싸고 있고, 귀족들은 매일 아침 왕궁에 출근해 왕의 비유를 맞추는 것으로 하루 일과를 보냈다. 그렇게 왕의 하사품을 받으며 귀족들은 철저하게 왕권에 종속되었던 것이다.

프랑스에서 귀족들은 왕권과 권력을 분할할 수 있을 만큼 힘을 가지지 못했다. 반면에 영국의 경우 토지귀족 세력이 상당한 힘을 가지고 있었고, 그 힘을 기반으로 왕권을 서서히 제한했던 것이다. 영국에서는 절대왕정이라고 부를 수 있는 시기가 거의 없다. 비록 헨리 8세 재위(1509~1547) 당시 왕권이 강했다고 하지만, 그 역시 대륙에 존재하고 있던 절대왕정에 비한다면 극히 미미한 수준이었다. 물론 통일적인 정치체가 존재하지 않았기 때문에 개혁이나 혁명 어느 것도 가능하지 못했던 독일이나 이탈리아 같은 나라들도 있었지만 말이다.

따라서 18세기 당시와 이후 19세기를 염두에 두면서 세 가지 유형을 구별해볼 수 있다. 절대왕권이 강했던 프랑스, 통일적인 정치체가 존재하지 못했던 독일이나 이탈리아, 그리고 마지막으로 적정한 수준의 통일체를 가지고 있었던 영국, 이렇게 세 가지다. 영국은 개혁의 방식이 가능할 만큼 통일의 수준에 올라 있었고, 왕권과 귀족 세력 간에 일정한 힘의 균형이 분배되어 있었다. 반면 프랑스는 강한 통일체와 강한 왕권 때문에 개혁의 방식이 불가능했고, 따라서 1789년의 혁명은 프랑스에서 근대적인 국가를 건설하기 위한 불가피한 길이었다고 볼 수 있다. 그리고 오랫동안 지방분권이란 질서를 통해 분열되어 있었던 독일이나 이탈리아는 19세기 중반이 되어서야 비로소 통일국가에 대한 계획을 진행시켰던 것이다.

영국은 17세기 혁명을 거쳐 안정적인 정치 질서를 확립시키고 이후 18세기 초반까지 금융 혁명financial revolution을 거쳐 산업의 발달을 위한 기본적인 요건을 갖추게 된다. 금융 혁명을 통해 화폐 자산을 운용하는 새로운 제도와 방식들이 도입되고 그와 함께 '금전적 이해관계'가 중요해지게 된다. 이는 1694년 잉글랜드 은행

➕ 영국과 프랑스의 경쟁

자본주의 세계경제에 대한 네덜란드의 헤게모니가 17세기 중엽 쇠퇴하기 시작하자, 영국과 프랑스가 그 헤게모니의 계승을 놓고 경쟁했다. 18세기에 프랑스와 영국은 각각 코끼리와 고래에 비유될 만큼 대륙국가와 해상국가로서의 군사 전문화를 뚜렷이 보여주었다. 육군과 달리 프랑스의 해군은 루이 14세 치세 초기를 제외하면 한 번도 우위를 점하지 못했다. 프랑스 역사학자 브로델(Fernand Braudel, 1902~1985)은 "영국이 1780~1785년경에 유럽의 중심이자 세계 경제의 의심할 수 없는 지배자가 되었다"라고 했다. 영국과 프랑스의 캐나다에서의 7년전쟁을 통해 영국은 프랑스에 대해 해상, 군사적 승리를 거두었고, 1783년 미국독립전쟁을 거치면서 상업, 재정적 승리까지 확보했다. 1792년부터 시작된 혁명전쟁, 그리고 나폴레옹에 의해 1815년까지 지속된 전쟁은 영국이라는 적을 제압할 수 있는 국가를 재건하고자 했던 프랑스 혁명가들의 논리에서 나온 것이었다.

Bank of England의 설립과 '국채 발행'으로 요약된다. 이제 사람들은 정부에 자본을 빌려주는 대가로 잉글랜드 은행이나 '남해회사'South Sea Company'의 채권을 가질 수 있었고, 정부는 재정에 필요한 돈을 장기 부채로 차입하게 되었다. 18세기 프랑스와 경쟁적으로 벌인 식민지 전쟁에서 영국이 우위를 확보한 것도 이러한 혁신에 기반한 것이다.

이미 안정적 국가 기반을 근거로 식민지 개척에 앞섰던 영국은 19세기에 '해가 지지 않는 제국'을 건설할 수 있었다. 프랑스는 그나마 어느 정도 식민지를 확보했지만, 독일이나 이탈리아의 경우 식민지 경쟁에 뒤늦게 진출한 까닭에 1914년의 제1차 세계대전은 이러한 장기적인 역사의 한 단락을 매듭짓는 것이었다.

하나의 계몽주의인가 아니면 계몽주의 사상들인가?

이제 당시 사람들의 사고와 이념 그리고 그 영향들을 18세기 프랑스 계몽주의라는 하나의 범주로 묶을 수 있느냐 하는 문제가 발생한다. 항상 사람들은 무슨 주의니 사상이니 하는 이름으로 분명히 다른 것들을 하나의 틀로 묶으려 한다. 물론 이해하거나 암기하기는 좋을지 몰라도 적절한 이해의 방식이라고 볼 수는 없다.

계몽사상을 계몽철학자들이 만들어낸 일단의 교리, 즉 종교적 광신주의에 대한 비판, 관용의 찬양, 관찰과 실험에 대한 신뢰, 모든 제도와 관습에 대한 비판적 검토, 새로운 도덕의 정의, 자유의 이념에 따라 정치적·사회적 관계의 재구성이라는 교리로 생각하면 단순할 수 있다. 하지만 당시 18세기에는 사회에 대한 다양한 지식과 그것의 조직화에 대한 경쟁적인 담론들, 그리고 분배와 새로운 분할을 발명해내는 불연속적인 관행들이 존재하고 있었다. 따라서 하나의 단일한 체계로서 계몽주의라기보다는 다양한 사고와 이념들, 그리고 그것이 유포되는 다양한 형식들을 지닌 담론들의 덩어리라고 할 수 있다.

계몽주의 사상의 주요 대표자들로 18세기 전반기에는 몽테스키외와 다르장송 후작marquis d'Argenson, 1694~1757 등이 있다. 그리고 후반기에는 보다 광범위하게 볼테르, 루소, 디드로, 엘베시우스Claude A. Helvétius, 1715~1771, 돌바크Paul d'Holbach, 1723~1789 그리고 케네François Quesnay, 1694~1774 및 튀르고Turgot, 1727~1781 등을 중심으로 하는 중농주의자들physiocrates이 있다. 18세기 전반기와 후반기는 숫자상으로 1750년을 기준으로 나누기도 하지만, 전체적인 흐름에서도 1750년을 기점으로 변화가 발생한다.

우선 몽테스키외를 포함한 전반기 계몽 사상가들의 주요한 화두는 군주권의 제한과 관련 있다. 다르장송 후작의 경우 그의 《프랑스 통치사론Considérations sur le gouvernement ancien et présent de la France》 (1764)에서 정치 및 사회 제도의 성격과 변화에 관한 뛰어난 통찰력을 보여주고 있다. 그 역시 몽테스키외와 유사하게 역사적 방법론을 사용해 13세기부터 인신에 관한 법률들이 와해되어 실제적 법률로 변모되는 과정을 서술했으며, 또한 프랑스에서 절대주의가 강화되고 그것이 전제정으로 귀결되는 과정, 즉 삼부회가 더 이상 소집되지 않게 된 과정을 보여주고 있다. 그만큼 군주는 귀족과 평민들의 의사와 무관하게 조세를 자의적 부과하고 있었던 것이다. 하지만 다르장송 후작이 삼부회라는 중간 매개 권력에 신뢰를 가졌던 것은 아니다. 이 점은 몽테스키외와 차별되는 부분이다. 그는 몽테스키외가 주장하는 중간 권력, 권력 분립, 권력의 견제와 균형 등에 대한 이론을 논박했고, 대신에 일종의 지역 자치정부(중세적 봉건체제 형태를 생각했을 것이다)를 최선의 정치체제로 판단했던 것이다.

나중에 본격적으로 다시 보겠지만, 몽테스키외가 《법의 정신》을 쓴 것도 역시 다르장송 후작과 유사한 문제의식에서 출발해 프랑스의 전제정에 대한 분석과 그것의 개선 방안에 대해 탐구하려는 목적에서였다.

하지만 이른바 영국의 방식, 즉 왕권과 귀족 세력 간의 타협을 통한 '명예'로운 방식으로 이루어지는 왕권의 제한은 시간이 흐르면서 불가능해지기 시작했다. 1750년대 다양한 위기 상황을 겪으면서 18세기 전반기에 제안되었던 제한군주제로의 길은 더욱 멀어지는 듯했고, 그것은 곧 혁명으로의 길이 더욱 분명해지는 것을 의미했다.

그렇다면 18세기 프랑스는 어떠한 우여곡절을 거쳤기에, 영국과의 경쟁에서 패배하고 프랑스 혁명이라는 대사건을 맞게 되었는가? 18세기 프랑스의 귀족들은 '파리고등법원'으로 상징화된다. 왕의 칙서나 법령이 파리고등법원의 인준을 받아야 효력을 발휘할 수 있었기 때문에 그를 통해 왕권을 견제하려 했던 것이다. 1750년, 왕권과 귀족 세력 간의 다툼은 절정에 이르렀다. 1751년 국왕과 파리 대주교는 장세니슴* ^{Jansénisme} 신부들을 박해했고, 파리 고등법원이 그들을 보호하려 함으로써 충돌이 발생한다. 당시 장세니슴은 17세기 후반 신학 논쟁과 정치 사상의 대립 속에서 탄생했지만, 18세기에 들어서 정치체제와 종교적 위계 질서에 대한 저항의 의미로 받아들여지면서 확산되었다. 결국 파리고등법원의 법관들이 망명길에 오르면서 왕권이 승리를 거두지만 이는 일시적인 승리였음이 프랑스 혁명을 통해 드러나게 된다.

이후 계몽 사상가들의 논의는 보다 적극적인 방식을 취하게 된다. 1748년 이전까지 일반인들에게 위대한 극작가이자 서사시인으로 평가되었던 볼테르는 이제 철학자의 면모를 드러내기 시작한다. 볼테르는 인간의 자유, 모든 형태의 개인 자유를 위해 지적으로, 실천적으로 노력한 18세기의 지식인이었다. 볼테르는 자신의 《관용론 ^{Traité sur la tolérance}》(1763)을 통해 개인 자유의 주요한 장애가 불관용과 광신임을 주장하면서 관용의 필요성을 역설했다.

이런 개인의 자유에 대한 믿음은 루소로부터 더욱 분명하고 체계적으

➕ 장세니슴

네덜란드 신학자 코르넬리스 얀선(Cornelis Jansen, 1585~1638) 이 창시한 교리. 아우구스티누스의 설을 받들어 은총, 자유 의지, 예정 구원설에 대한 엄격한 견해를 발표해 17~18세기에 프랑스 교회에 큰 논쟁을 일으켰다. 프랑스의 포르루아얄(Port Royal) 파 등의 신봉을 얻었으나 1713년 로마교황에 의해 이단 선고를 받고 소멸했다.

연대기로 살펴보는 프랑스·영국·독일·이탈리아·한국의 국민국가 건설 과정 비교

프랑스	영국	독일	이탈리아	한국
1648 30년 전쟁의 결과 베스트팔렌 조약, 유럽 대륙에서 국경이 명확해지기 시작	**1642** 청교도 혁명 **1649** 찰스 1세 처형			
1661 루이 14세의 친정(親政) 시작	**1660** 왕정과 국교회 복고			
	1688 명예 혁명 **1689** 권리장전			
	1701 왕위계승법으로 신교도의 왕위계승 법제화 **1707** 잉글랜드와 스코틀랜드의 통합 **1714** 하노버가의 조지 1세 즉위	**1701** 선제후 프리드리히 3세가 스스로 '프로이센왕' 프리드리히 1세로 대관식 거행		
		1740~1742 제1차 슐레지엔 전쟁 **1744~1745** 제2차 슐레지엔 전쟁 **1756~1763** 7년 전쟁		
1748 몽테스키외의 《법의 정신》				
1762 루소의 《사회계약론》	**1776** 미국의 독립선언, 애덤 스미스의 《국부론》 발간	**1781** 칸트의 《순수이성비판》		**1776** 정조 즉위, 규장각 설치
	1783 파리 조약으로 프랑스, 에스파냐 및 북아메리카 13개 식민지와 전쟁 종결	**1788** 칸트의 《실천이성비판》 **1790** 칸트의 《판단력비판》		
1789 프랑스 혁명의 시작 **1791** 입헌군주제 성립 **1792** 제1공화국 선포		**1795** 바젤 평화조약, 라인란트를 프랑스에게 양도	**1796** 나폴레옹의 침공 **1797** 캄포포르미오 조약으로 베네치아가 오스트리아로 양도	**1800** 정조 승하, 순조 즉위, 세도정치의 시작
1804 제1제정	**1801** 아일랜드 합병		**1805** 북부에 밀라노를 수도로 하는 이탈리아 왕국 성립 **1806** 프랑스 나폴리 점령	**1801** 신유사옥, 정약용의 강진 유배생활 시작 - 《목민심서》, 《경세유표》 등의 저서 집필
		1806 프란츠 2세 로마 황제관을 내려놓음으로써 독일 신성로마제국은 종말		

1815 왕정복고	1815 빈회의에서 평화협정	1813 프로이센의 프리드리히 빌헬름 3세 "나의 국민에게"라는 교서 발표, 민족주의 및 반프랑스 정신 고무	1814~15 토리노, 피렌체, 나폴리로 왕정복고, 로마로 교황 귀환.	
1830 7월 혁명, 루이 필리프를 왕으로 하는 입헌군주제 성립	1832 제1차 선거법 개정 1833 대영제국 전체에서 노예제 폐지 1837 빅토리아 여왕 즉위, 공장법 제정	1834 독일 관세동맹 결성	1831 마치니 청년 이탈리아당 결성	
1848 2월·6월 혁명, 제2공화국 1852 나폴레옹 3세와 제2제정		1848 마르크스의 《공산당선언》 발간 1849 프랑크푸르트 국민의회, 헌법 초안 기초	1848~1849 이탈리아 전역 혁명과 실패	
	1860 영불 자유무역 협정		1859 카보우르 나폴레옹 3세의 후원 속에 오스트리아와 전쟁 1860 공화주의자 가리발디의 남부 해방. 교황령은 로마와 주변 지역으로 축소 1864 교황 피우스 9세, 가톨릭과 자유주의가 양립할 수 없음을 선언하는 〈교서요목〉 발표	
	1867 제2차 선거법 개정 1868~1874 제1차 글래드스턴 내각	1866 프로이센-오스트리아 7주 전쟁. 프로이센 승리, 오스트리아는 독일로부터 밀려나고 22개의 군소국가가 프로이센의 헤게모니 하에서 북독일연방이라는 국가연합체 형성	1866 7만 2,000개의 종교집회가 법적지위 상실 2만 5,000개의 종교단체 탄압, 교회영지 100만 헥타르 이상이 매각	1866 병인양요
1870 프로이센과 전쟁에서 패배, 임시국방정부 1875 제3공화국		1871 프랑스와의 전쟁에서 승리, 알자스 로렌 지방 획득, 베르사유 궁 거울의 방에서 프로이센 왕 빌헬름 1세를 독일황제라고 칭함, 독일제국의 성립	1870 프랑스가 프로이센에게 패배하자 이탈리아군은 로마 점령	1871 신미양요 1876 강화도조약 1882 임오군란 1884 갑신정변
	1884 제3차 선거법 개정	1888 빌헬름 2세 즉위 1890 비스마르크 해임		1894 갑오개혁 1897 대한제국 선포 1905 을사늑약
1914 제1차 세계대전	1911 상원에 대한 하원 우위를 명시한 의회법 통과			

로 새로운 정치체에 대한 구상과 함께 제기된다. '일반의지'[volonté générale]에 기반한 인민주권론이 그것이다. 볼테르나 루소 등의 사상적 영향은 프랑스 혁명에서 뚜렷이 나타난다. 하지만 그들이 프랑스 혁명에 직접적인 원인 제공자라거나 프랑스 혁명의 이론적 기반을 제공했다는 의미는 아니다.

또한 절대왕정의 왕권을 합리적으로 강화하려는 사상적 움직임도 존재했다. 대표적인 예가 중농주의자들로, 케네, 튀르고 등은 토지의 중요성을 강조하는 것에서 그치지 않았다. 케네의 제자였던 메르시에[Mercier de la Riviére, 1719~1801]는 중농주의를 '자연정부[gouvernement de la nature]'로 정의했다. '중농주의'의 프랑스어인 'physiocratie'의 어원을 보면 'physio'는 자연[nature]을 의미하는 'physic'에서 유래한 것이고, 'cratie'는 통치[gouvernement]를 의미하는 그리스어다. 따라서 '자연에 의한 통치'를 의미한 것이다. 그것은 경제 영역 및 사회가 자연스럽게 흘러가도록 군주, 즉 정부가 외부에서 튼튼하게 방어하는 역할만을 해줄 것을 요구한 것이다. 물론 신민들은 계몽의 보급을 통해 잘 교육시켜야 하는 의무를 가진다고 주장한다. 그들이 바랐던 것은 '계몽전제군주정[despotisme éclairé]'으로 사회를 지켜낼 강력한 정부였던 것이다. 그들은 사회(경제사회)를 새롭게 등장하고 있는 자율적인 영역으로서 인식했다. 애덤 스미스[Adam Smith, 1723~1790]가 자신의 《국

➕ 일반의지

루소에 따르면, 모든 인간은 자신의 사적이익을 추구하는 사적의지와 공동이익을 추구하는 일반의지를 가진다. 공동이익은 사적이익과 배타적인 관계에 있는 것이 아니라 사적이익의 한 부분을 구성하기 때문에 일반의지는 한 인간의 전체의지 속에 하나의 자유의지로 존재하여, 이 의지를 따르는 것은 예속이 아니라 자유를 실현하는 것이다.

부론 An Inquiry into the Nature and Causes of the Wealth of Nations 》(1776)을 중농주의의 대표자인 케네에게 헌정했던 것은 우연이 아니었다. '보이지 않는 손invisible hand'이라는 개념을 통해 국가라는 외부 힘의 개입 없이 시장에 의해 작동되는 사회의 자율성을 주장했다. 스미스는 그러한 사회의 자율성에 대한 인식을 중농주의자들로부터 가져왔다. 물론 정부에 대한 인식에 있어서는 차별성이 있다.

귀족 세력과 절대왕정과의 대립이 18세기 프랑스의 정치 지형이었다면, 그 지형 속에서도 1750년 전후는 18세기의 하나의 전환점이 되는 시기다. 앞선 잠깐 언급했던 국왕의 정치적·상징적 신체는 이제 서서히 탈신성화의 대상이 되기 시작했다. 루이 15세가 창녀 출신인 마담 뒤 바리Jeanne du Barry, 1743~1793를 정부情婦로 삼았다는 사실은 국왕의 신체의 신성함을 제거하기에 충분했다. 만약 18세기를 1789년 혁명을 준비하는 시기로 본다면, 그것은 혁명을 기획했기 때문이 아니라 구체제의 신성함을 제거함으로써 그 정통성을 무너뜨렸기 때문이다. 보수적 계몽주의자로서 몽테스키외의 작업, 특히 그의《법의 정신》은 그러한 혁명의 길이 아니라 자신이 속한 귀족 세력과 국왕 그리고 시민들에 의해 합의된 새로운 정치공동체의 모색 가능성을 타진하려는 시도였다.

최선의 정치 형태는 무엇인가?

현실 사회를 연구의 출발점으로

이제 이러한 지적·사회적 배경을 염두에 두고 몽테스키외가 《법의 정신》에서 제기하고자 한 문제들을 차분히 살펴보도록 하자.

《법의 정신》의 내용에 들어가기 전에 여기에서 사용된 연구방법론, 대상과 관련해 몽테스키외가 추구한 독자적인 방식에 대해 살펴보자. 몽테스키외는 우선 연구대상과 방법면에서 기존과는 다른 방식으로 작업했다. 이는 19세기의 콩트August Comte, 1798~1857가 몽테스키외를 '정치학의 창시자'라고 칭했던 것 그리고 20세기 레몽 아롱Raymond Aron, 1905~1983이 다시 그를 '사회학의 창시자'라고 칭한 것과 연관이 있다. 즉 연구 대상과 방법면에서 당시의 사회계약론 전통과 구별되었다. 유럽에서 형성된 근대 정치학은 자연권 사상과 그에 근거한 사회계약론을 기반으로 했다. 영국에서 홉스나 로크, 대륙에서 흐로티위스, 스피노자, 푸펜도르프 등은 자연 상태의 자유로운 개인을 설정했다. 자연 상태에서 개인은 자신의 판단에 따라 행위하고 자신의 생명과 안전, 나아가 소유에 대한 권리를 전적으로 갖는다.

그리고 개인들 간에 충돌이 발생했을 때, '죽음에 대한 공포'를 느끼는 전쟁 상태에 돌입하게 된다. 이 순간 개인들은 상호 간의 계약을 통해 사회 상태로 이행하게 된다. 개인의 연합이 형성된 상태이며, 또한 일부 개인의 양도된 권리가 일정한 공권력을 형성하게 된다. 이것은 곧 국가다. 이러한 자연 상태와 개인의 자연권 그리고 사회계약을 통한 사회 상태로의 이전 과정은 역사 과정을 설명했다기보다는 당시 권력의 정당성을 개인의 권리로부터 유추하기 위해, 또 국가란 그러한 개인들의 자연권을 보존해주기 위해 존재한다는 것을 논증하기 위한 논리적 추론의 산물이었다.

자연권과 사회계약론의 이론가들은 모두가 동일한 질문, 즉 사회의 기원은 무엇인가를 제기했고, 그 문제에 대한 해답을 찾는 데서도 동일한 방식, 즉 자연 상태와 사회계약이라는 방식을 선택한 것이다.

이에 반해 몽테스키외의 《법의 정신》은 그 대상을 "지구상의 모든 국민의 법률과 다양한 풍습과 관례"라 명시하고 시작한다. 사회계약론자들이 논리적 구성을 통해 자신과 대상을 보편적으로 적용할 수 있도록 구성하려 했다면, 그는 그들과 구별되는 구체적인 대상임을 명시하고 있다. "이러한 주제는 사람들 사이에서 수용되고 있는 모든 제도를 이해하는 것인 만큼 매우 광범위한 것"이었다. 즉 현실적으로 존재하는 사회에 대한 구체적이고 경험적인 분석을 제시하고 있으며, 또한 역사적인 변화의 과정을 추적하는 역사적 방법론을 택하고 있다.

따라서 몽테스키외는 종교, 기후, 토지의 성질 및 인구의 크기가 집단 생활에 어떤 영향을 주는가를 살펴보았다. 몽테스키외가 이러한 다양한 요소들을 연구한 이유는 자신이 정의한 '법의 정신'을 찾기 위해서다. 그는 모든 사회에 관계되는 만민법과는 별도로 그 사회에 적합한 개별적인 실증법이 존재한다고 주장한다. 그리고 이 법은 그 사회와 그 정체에 적합한 것, 즉 그 정체의 성질 및 원리와 조화를 이루어야 한다고 생각했다. 이때 실증법은 그 국토의 상태, 즉 춥고 더운 것, 혹은 따뜻한 정도, 토지의 성질과 그 위치, 그 넓고 좁음 그리고 농경, 수렵, 유목 등의 생활 양식과 관련되어야 한다. 그리고 헌법이 허용하는 자유의 정도, 주민의 종교, 그들의 성정^{性情}, 부, 인구, 상업, 풍습, 생활 양식과 조화를 이루어야 한다. 바로 이러한 다양한 요소들이 모두 한 덩어리가 되어 '법의 정신'을 구성한다고 몽테스키외는 말한다. 따라서 입법자는 정체의 원리에 반하지 않는 한 국민의 정신, 즉 법의 정신을 따라야 하며, 우리의 본성에 따라 정치체를 구성하는 것이야말로 가장 바람직한 것이라고 주장한다.

몽테스키외는 이와 같이 정의된 '법의 정신'을 기본적인 탐구 대상으로 해 정부의 유형에 대한 분류를 수행한다.

어떠한 정부 형태들이 존재하는가?

몽테스키외는 《법의 정신》 앞부분에서 전통적인 정치학, 즉 플라톤과 아리스토텔레스 이래 존재했던 정부 형태들에 대한 분류를 진행한다. 그는 정부를 세 가지 유형 즉 공화정 republic, 군주정 monarchy, 전제정 despotism 으로 구분했다.

여기에서 공화정은 다시 둘로 나뉘는데, 인민 전체가 주권을 가지는 경우 민주정체이며, 주권이 일부 인민에게 있을 때 그것은 귀족정체가 된다. 그리고 군주정은 군주 한 사람이 통치를 하지만 합법적 절차를 통해 제정된 법을 따르는 정체이며, 전제정은 군주 한 사람이 자의적인 욕망과 이익에 따라 통치하는 정체다. 정체를 이렇게 분류하는 데 있어 몽테스키외가 중시한 것은 권력의 소재나 그 행사 주체의 수^{數}보다는 권력의 행사 방식, 즉 권력이 법률에 의한 것인지의 여부에 있었다. 각 정부의 유형은 각각 두 개의 관념, 즉 정부의 본성과 원리에 근거해 작동한다. 정부의 본성은 그 정부가 어떠한 존재여야 한다고 제시하는 것이며, 그 원리는 그 정부를 움직이게 하는 것이다. 공화정체의 원리는 덕 virtue인데, 이것은 공화정의 모든 사람들에게 덕이 있다는 의미가 아니라 시민들이 덕, 특히 정치적 덕목이 있어야 그만큼 공화정이 번영할 수 있다는 것을 의미한다. 특히 정치적 덕목이 요구되는 것은 공화정체 중에서 민주정이 더욱 그러하다. 특히 민주정에서는 법을 통한 사랑과 덕성의 평등을 핵심으로 한다. 공화정의 또 다른 형태인 귀족정의 경우 덕목이 필요하긴 하지만 절대적인 것은 아니다. 오히려 귀족정에서 필요한 것은 절

정부 형태		통치 주체 및 권력 행사 방식	원리	
공화정	민주정	국민 전체	덕성	평등
	귀족정	소수 가문		절제
군주정		군주/합법적 절차에 의해 제정된 법	명예	
전제정		군주의 자의적 욕망과 이익	공포	

제^{moderation}다. 귀족 집단이 자신들만의 이익을 위해 인민의 이익을 억압할 가능성이 있기 때문에 자기 자신을 억제할 필요성이 요구된다. 그리고 군주정은 명예가, 전제정은 공포가 그 원리로서 작동한다. 이 원리들은 정부를 움직이게 하고 효율적으로 작동하게 하는 속성이자 정신적 원인들이다.

몽테스키외는 공화정에서 투표권을 가진 사람들을 구분하는 방법, 투표를 행하는 방법에 관한 법이 기본법이라고 말한다. 그것은 고대 그리스 이래로 쟁점이 되어온 추첨에 의한 공직자의 선출과 투표에 의한 선출을 염두에 둔 것이다. 몽테스키외는 추첨에 의한 것이 당연히 민주정의 특징이며, 투표에 의한 선출은 귀족정의 특징임을 분명히 한다. 또한 추첨에 의한 방법이 각각의 시민에게 조국에 봉사하려는 희망의 여지를 부여하는 것은 사실이지만, 그 자체가 결함이 많다는 것을 인정해야 하고 역사적으로도 그것을 규제해왔다는 점을 상기시키고 있다.

몽테스키외는 당쟁에 대해서 마키아벨리와 유사한 입장을 취한다. 이미 16세기 마키아벨리가 자신의 《로마사 논고^{Discorsi sopra}

la prima deca di Tito Livio 》(1512~1517)에서 로마 공화국을 '너무나도 많은 비르투virtu● 의 보고'라고 말했던 것은 귀족과 민중 사이의 소란이 끊이질 않았기 때문이다. 즉 고대 로마 공화국의 소란은 열렬한 정치 참여의 결과였던 것이다. 몽테스키외 역시 공화정의 불행은 당쟁이 사라진 때에 시작되며 그것은 인민이 돈에 매수되어 부패한 때에 일어난다고 보았다. 인민이 돈 소리에 귀 기울이게 되면 공공의 업무에 무관심해진다는 것이다. 몽테스키외는 공화정을 민주정과 귀족정으로 양분했지만, 귀족정이 민주정에 가까워질수록 완벽해지고 귀족정이 군주정에 가까워지면 불완전해진다고 말한다. 소수만이 주권을 소유해 입법과 행정을 장악하게 되면 인민은 마치 군주정하의 신민과 마찬가지가 된다. 따라서 원로원은 이기적인 태도에서 벗어나 인민을 배려해야 하며, 귀족과 인민 간의 평등이 최대한 실현되도록 해야 한다.

공화정이 몽테스키외의 마음속에서 가장 바람직한 정치 형태로 자리잡고 있다면, 군주정은 당시 그가 살고 있는 프랑스를 염두에 두었다고 볼 수 있다. 몽테스키외는 군주정이 일인에 의해 지배되는 정부 형태를 의미하지만, 중간 매개 권력이 그 정부의 본성을 구성한다는 말로 군주정에 대한 분석을 시작한다. 중간 매개 권력이란 당연히 귀족들의 권력을 의미

➕ 비르투

라틴어 '비르투스(virtus)'에서 온 말로 '남성다움', '기민한 판단력', '활력' 등을 의미한다. 마키아벨리는 대중의 비르투를 분발시키고 유지하는 것을 국가 흥망의 핵심으로 보고 그 해결책을 세 가지로 제시하고 있다. 첫째 정치지도자의 비범한 비르투를 구현한 모범적인 정치적 행위에 일반 대중이 감명을 받아야 하고, 둘째, 대중의 비르투를 유지하기 위해 좋은 법과 제도를 갖추어야 하며, 셋째 종교를 활용해야 한다.

한다. 몽테스키외는 귀족이 군주정체의 본질에 들어간다고 말하면서 다음과 같은 격률을 인용한다.

군주가 없으면 귀족도 없고, 귀족이 없으면 군주도 없다.

나아가 그는 군주정에서 영주나 성직자, 귀족 등 중간매개 권력 집단을 없애보라고 한다. 그럴 경우 민주정으로 변하거나 전제정이 출현할 것이라고 말한다. 군주정에 대한 이러한 몽테스키외의 판단은 이후 우리가 보게 될 토크빌의 사고, 특히 그가 만들어낼 개념인 '민주주의적 전제정' 개념과 이어지는 부분이라고 할 수 있다.

몽테스키외나 토크빌이나 모두 권력이 어느 특정 집단이나 계층에 의해 독점되는 것을 거부했다. 특히 그들은 중간 매개 권력 집단, 당시로서는 귀족 집단의 역할을 강조했다. 그 집단은 군주나 인민에 의해 권력이 독점되는 것을 막는 역할은 물론이거니와, 그 둘의 충돌을 막는 역할을 한다. 몽테스키외는 당시 프랑스 군주의 권력이 서서히 중간 집단의 권력을 제거하려는 경향을 나타낸다고 판단했던 것이다. 그것이 사실상 프랑스의 절대왕정이었다. 그는 이제 귀족 집단이 프랑스의 절대왕정을 견제하면서 권력을 분점해 바람직한 군주정으로 변해가길 바랐던 것이다. 그렇지 않을 경우 전제정으로 흐르거나 민주정(아마도 이것이 토크빌의 판단일 것이다)으로 흐를 것이다.

가난한 시민보다는 부자 시민이 낫다

공화정에 대해 남다른 관심이 있었던 몽테스키외는 다른 정체보다 좀 더 자세한 설명을 덧붙이고 있다. 그는 공화국에서 덕성^{德性}이란 공화정체에 대한 사랑이라고 정의한다. 이때 사랑은 감정의 문제이지 지식의 문제가 아니라고 명시한다. 그는 "조국에 대한 사랑은 선량한 풍습으로 인도하고 선량한 풍습은 조국에 대한 사랑으로 안내한다"라고 그 상관관계를 설정한다. 앞에서 말했듯이 몽테스키외는 공화정체를 민주정과 귀족정으로 세분했다.

그렇다면 민주정체에서 조국에 대한 사랑은 구체적으로 무엇을 의미하는가? 몽테스키외는 민주정체에서 조국에 대한 사랑은 민주정체에 대한 사랑이며 그것은 곧 '평등에 대한 사랑'이라고 말한다. 또한 민주정체에서 사람들은 동일한 행복과 동일한 이익을 가지려 하며 이때의 사랑은 소박하며 아울러 검소에 대한 사랑이라고 말한다. 사람들은 소유욕을 가지며 자기 가족을 양육하는 데 필요한 것을 손에 넣고 나머지를 조국을 위해 저축하고자 하는 마음가짐을 갖게 된다. 재산의 평등은 검소를 유지할 수 있도록 이루어져야 한다고 몽테스키외는 말한다. 그는 로마를 예로 들면서 로마의 공화정에서는 토지의 분배가 균등했을 뿐만 아니라 오히려 적었다는 것을 강조한다. 로마에서 토지는 '한 사람의 병사를 양성할 정도면 충분하다'는 것을 강조한다.

몽테스키외는 공화국의 원리로서 시민적 덕목을 강조하고, 그중 민주적 공화국의 원리로서 평등의 정신을 강조하고 있다. 이러한 공화정에 대한 몽테스키외의 애착은 마키아벨리 이래 존재해온 공화주의 전통의 연장선상에서 이해할 수 있다. 여기서 잠깐 이러한 마키아벨리적인 공화주의가 무엇인지 짚고 넘어갈 필요가 있다.

마키아벨리를 비롯한 르네상스 공화주의자들은 아리스토텔레스와 폴리비오스 Polybios, BC 204~125? 의 저작 그리고 고대 로마와 스파르타 공화국의 사례들에 근거하여 시민적 삶의 부흥을 주장했고, 그 속에서 공공정신이 충만한 시민들은 자신들의 독립적인 도시나 나라의 통치에 활동적으로 참여할 수 있다고 주장했다. 이 공화주의적 담론의 핵심적인 개념은 '자유', '덕성', '부패'였다. 그리고 마키아벨리의 저작만큼 이 개념들을 명쾌하고 효과적으로 전개한 것은 없다. 마키아벨리는 특히 자신의《로마사 논고》에서 혼합정, 덕성을 갖춘 시민, 법의 통치 등을 내용으로 하는 공화주의적 이상을 제시했다. 혼합정은 어떤 단일 계급이 통치하지 않는 공화국이다. 모든 계급이 권력을 분할해 각각의 계급이 다른 계급의 월권 행위를 감시한다. 이것은 공화국을 지키려고 감시하는 시민들로 하여금 폭군이 될 우려가 있는 사람들이 권력을 침범하는 데 대항해 자신의 자유를 지킬 수 있게 해주는 정부체계다. 마키아벨리는 시민들이 공적인 업무에 무관심하면서 부와 사치 그리고 편안함을 사랑하게 되는 것을 '부패'라고 불렀다. 시민들은 부패하지 않기 위해 '덕성'을 지녀야 하며 덕성을 갖추려면 먼저 자유로워야 한다. 즉 집회를 열고 토론하며, 부패를 폭로하고 그들의 지도자와 시민 서로를 비판하는 데 자유로워야 한다.

이러한 마키아벨리적인 공화주의는 17세기 영국에서는 해링

마키아벨리(왼쪽)와 해링턴(오른쪽) | 두 사람에 의해 이어지는 공화주의적 흐름은 홉스, 로크로 이어지는 자유주의의 거대한 흐름과 경쟁하게 된다.

턴 ^{James Harrington, 1611~1677}에 의해 나타났다. 해링턴은 혼합 혹은 '균형 잡힌' 정부 형태를 갖춘 공화국을 만들도록 올리버 크롬웰을 설득하기 위해 《오세아나^{Oceana}》(1656)를 출간했다. 한 명, 소수 그리고 다수 지배의 혼합이라는 전통적 발상을 넘어선 해링턴의 '균형'은 어떤 시민도 자신의 생계를 남에게 의지하지 않도록 거의 평등하게 토지를 분배하려는 노력을 포함하고 있었다. 해링턴은 사람의 통치가 아니라 법에 의한 통치하에서 자유를 보장해야 한다는 것과, 정기적이고 빈번한 선거, 그리고 대표자들이 공직을 순환제로 담당하는 대의제 체계를 주장했다. 이것은 좀 더 많은 시민들이 공화국 정부에서 활동적이고 책임 있는 역할을 맡도록 함으로써 덕성을 증진시키려는 것이었다.

마키아벨리와 해링턴으로 이어지는 공화주의적 흐름은 곧 홉스, 로크로 이어지는 자유주의의 거대한 흐름과 경쟁하게 된다. 소유권을 출발점으로 하는 로크의 자유주의는 아마도 자본주의 발달에 가장 적합한 이론적 무기가 되었을 것이다.

몽테스키외는 실제 이렇게 공화정의 덕목과 민주정의 평등 정신을 강조하는 것이 당시 상업의 부흥 속에서 어떻게 조화를 이룰 수 있을 것인지 고민했다. 이런 점에서 그의 독특함과 탁월함이 드러나는 것이다. 15~16세기의 마키아벨리는 공화정에 필요한 시민적 덕목을 강조하면서 동시에 당시 상업의 발달이 가져올 수 있는 부패 혹은 타락의 문제를 제기한 바 있었다. 마키아벨리는 《로마사 논고》에서 '시민을 가난하게 유지하는 것'이야말로 '자유를 누리는 국가'에서 가장 유용한 제도라고 강조했다. 하지만 몽테스키외는 마키아벨리와는 달리 그의 공화주의적 전통을 상업의 발달이라는 사회경제적 상황 속에서 어떻게 발전시킬 수 있을 것인가를 고민했던 것이다.

아리스토텔레스 이래 부富의 문제는 항상 부패 및 타락과 관련해 지속적으로 문제가 제기되어 왔다. 그리스에서 정치politics가 '폴리스polis와 관련된 것', 즉 '공적인 것'과 관련되었다면, 경제economy는 '가정家庭, oikos의 것', 즉 '사적인 것'과 관련되었다. 따라서 경제, 즉 '필요'와 관련된 사적인 문제는 공공의 장소로 나와서는 안 되는 것이었다. 필요 이상을 추구하는 것은 탐욕스러운 것이었고 부패와 타락을 의미했다.

이러한 경제의 관념은 중세 이래 지속되었고 상업이 발달하기 시작한 마키아벨리 시대에도 잔존하고 있었다. 하지만 18세기에 들어서면서부터 이런 관념은 서서히 역전되기 시작한다. 이러한 문제를 근본적으로 뒤집었던 사상가는 아마도 맨더빌^{Bernard de Mandeville, 1670~1733}일 것이다. 맨더빌은 자신의 책《꿀벌의 우화 : 사적 악덕과 공적 혜택^{Fable of the Bees: or, Private Vices, Publick Benefits}》(1714)에서 개인의 사적인 이기심이 비록 비난받을지는 모르지만, 전체 공동체에는 미덕이라는 결과를 가져올 것이라고 주장하면서 개인의 이기심에 의한 이윤 추구 활동을 옹호했다.

몽테스키외 역시 이제 상업이 반드시 부패나 타락을 가져오지는 않는다는 낙관적인 전망을 내놓는다. 그는 '상업의 정신이 그것 자체와 함께 소박, 절제, 노동, 분별, 평온, 질서, 규율의 정신을 가져오기 때문'에 상업이 가져오는 부가 나쁘지만은 않을 것이라고 확신한다. 과도한 부는 이러한 상업의 정신을 파괴할 수도 있음을 경고한다. 하지만 과도한 부가 불평등의 무질서를 가져올 수 있음을 우려하면서도 기본적으로 그는 상업의 정신이 공화정의 덕목에 배치되지 않을 것이라고 확신한다. 몽테스키외는 상업이 발달해 사회의 부가 늘어날 경우 그것을 분배한다면 가난한 시민들도 안락하게 살 수 있다고 생각했다. 또한 시민들이 다 같이 일할 수 있어 일정한 재산을 유지하고 획득할 수 있게 한다면 상업적 공화국은 잘 유지될 수 있을 것이라고 전망했다.

그는 "상업이 파괴적인 편견을 고쳐줄 수 있으리라"고 확신한다. 또한 "온화한 습속^{moeurs douces}이 있는 곳에는 어디에나 상업이 있고 상업이 있는 곳엔 어디에나 온화한 습속이 있다"고 하면서 이는 이미 일반적인 원칙이 되었다고 말하기까지 한다. 그는 '상업정신^{esprit de commerce}'이라는 말을 통해 당시의 시대 정신을 표현했다. 그는 상업정신이 "사람들의 마음에 정의감을 솟아나게 하고, 그것은 강도 행위에 대립되며 다른 한편에선 사람들이 자기 이익만을 반드시 엄밀하게 따지지 않게 하고, 타인의 이익을 위해 도덕적 덕성을 무시하게 하는 습속과도 대립된다"고까지 말한다. 물론 이러한 상업정신에 대한 이해와 평가는 지나치리만큼이나 낙관적이라고 할 수 있다. 몽테스키외는 민주정과 상업의 관계를 논하면서 "상업정신에 수반하여 검소, 근면, 절제, 노동, 지혜, 평온, 질서, 규율의 정신"이 발생한다고 주장했다.

사실 민주정과 상업과의 관계를 설명하면서 '논리적 설명'을 가하기보다는 자신의 바람, 혹은 '당위적 설명'을 하고 있다고 말할 수 있다. 따라서 몽테스키외와 토크빌의 이러한 시도와 주장을 혹자는 '자유주의적 공화주의liberal republicanism'라고 칭하고 있다. 공화주의의 문제의식을 기저에 두고 있으면서 그들이 처해 있던 18~19세기 자유주의의 문제제기까지 수용했기 때문에 그렇게 부르는 것이다. 일견 타당하다고 할 수도 있다.

정치는 왜 부패하는가?

몽테스키외는 세 가지 정체의 본성과 원리를 설명한 후 그 부패에 대하여 언급하고 있다. 몽테스키외는 각 정체의 부패는 거의 그 원리의 부패에서 비롯된다고 개관한 후 개별 정체의 부패에 대해 분석한다. 군주정은 명예에 의존하고 전제정은 공포에 의존하는 것이 그 정체의 원리다. 군주정에서 명예는 야심과 관련된다. 공화정에서 야심은 위험한 것이지만, 군주정에서 야심은 여러 가지 좋은 결과를 낳을 수 있으며 그 정체에 생기를 불어넣기도 한다. 군주정에서는 공화정의 주요한 원리인 덕성은 오히려 전혀 필요가 없고 그 자리를 법률이 대신한다. 각각의 정체는 그 본성과 원리를 가지고 있으며 그것으로부터 분리될 때 그 정체는 타락, 부패하는 것이다.

민주정체의 부패에 대한 몽테스키외의 분석은 이후 토크빌의 사상 전개와 맞물리는 것은 물론 프랑스 혁명과도 연관이 되므로 잠깐 살펴보도록 하자. 민주정체의 부패는 시민들이 평등의 정신을 상실했을 때, 덧붙여 극단적인 평등의 정신을 가지게 되어 명령하는 사람으로 선출된 사람과도 시민들이 평등하게 되고자 하는 때에 발생한다고 말한다. 이렇게 되면 인민은 스스로 위탁한 권력마저 인정할 수 없고 만사를 스스로 행하고자 하며 원로원을 대신해서 심리하고 집정관을 대신해 집행해 재판관 전부를 파면하려 한다. 이러한 경우 국가에는 이미 더 이상 덕행이 있을 수 없다고 단언한다. 몽테스키외는 이러한 현상을 '극단적인 평등의 정신'이라는 말로 정의했다. 이 극단적인 평등의 정신은 한 사람의 전제정치로 이어지게 된다고 경고한다.

사실 민주정체의 부패에 대한 몽테스키외의 경고는 프랑스 혁명을 통해 현실로 나타나기도 했다. 프랑스 혁명이 진행되는 과정에서 극단적인 평등의 정신이 나타났던 시기가 있었고, 그 시기를 인민들은 '봉기의 정치'라고 명명했다. 파리 시민들이 주장한 봉기 상태란 '자유가 확고부동한 토대 위에 확립될 때까지 모든 선량한 공화주의자들이 유지해야 할 적들에 대한 불신과 활동력, 감시와 애국적 정성이 담긴 지속적 상태'라고 정의되었다.

따라서 파리 시민들은 몽테스키외가 우려했던 것들, 즉 직접적인 정치 참여와 집회, 재판 참여, 실행 등을 실천했던 것이다. 물론 이러한 봉기의 정치는 오래 지속되지 못했고 당시 국민공회와 공안위원회 나아가 로베스피에르^{Maximilien Robespierre, 1758~1794}라는 한 명의 혁명가의 손에 권력이 집중되는 경향을 낳았다. 결국 몰락으로 이어진 것이 사실이다. 그러한 역사를 보았던 19세기의 토크빌은 민주주의의 주요한 특징이자 원리로서 극단적인 평등의 정신이라는 개념을 차용하게 된다. 이 부분은 토크빌을 이야기하면서 좀 더 자세히 다뤄보기로 하자.

권력이 권력을 멈추게 하라

몽테스키외를 흔히들 '권력분립'의 사상가로 알고 있다. 사실 말 그대로 《법의 정신》의 핵심적인 이야기 중의 하나가 권력분립에 대한 주장이다. 흥미로운 것은 그가 권력분립을 논하고 있는 부분이 '정치적 자유'와 관련한 곳이고, 좀 더 구체적으로는 '영국 정체'와 관련한 부분에서 상세히 다루고 있다는 점이다. 이 부분은 몽테스키외의 사상을 집약적으로 잘 나타내고 있는 부분 중의 하나라고 할 수 있다.

몽테스키외는 우선 권력과 자유의 관계를 설정한다. 그는 지금까지 많은 사람들이 '인민의 권력'과 '인민의 자유'를 혼동해 왔다고 말한다. 흔히 인민에게 권력이 있는 것처럼 간주되는 민주정에서 인민의 자유가 그대로 실현되는 것은 결코 아니라고 그는 주장한다. 몽테스키외는 자유란 "법이 허용하는 모든 일을 행하는 권리"라고 정의하고 그러한 자유가 실현되기 위해서는 권력의 남용이 없는 상황이어야 한다는 점이 중요하다고 강조한다. 즉 민주정이나 귀족정이 본질상 자유로운 정치체제인 것은 아니며, 정치적 자유가 실현될 수 있는 조건은 '절제된 정부 gouvernement modéré'라고 말한다. 절제된 정부란 바로 권력의 남용이 발생하지 않는 정부를 의미하는 것이다. 그리고 권력의 남용을 막기 위해 필요한 것은 '권력이 권력을 억제하도록' 배치하는 것이다. 이 말은 이후 많은 사람들에게 인용되고 언급되는 몽테스키외의 명언 중의 하나다.

> 권력이 남용되지 않도록 하기 위해서는, 사물들의 배치를 통해
> 권력이 권력을 멈추게 해야 한다.

이 명제와 함께 몽테스키외는 이제 흔히 그의 대표적인 이론 혹은 주장이라고 할 수 있는 삼권분립에 대해 언급한다. 당시 몽테스키외가 말했던 세 가지 권력은 현재 우리가 살고 있는 시대의 것과는 약간의 차별성을 지니고 있지만, 대체로 유사하다. 그는 입법권, 만민법에 관한 사항의 집행권, 시민법에 관한 사항의 집행권으로 구분한다. 첫째 권력은 군주 또는 위정자가 일시적 혹은 항구적인 법을 제정하고 폐지하는 권력을 의미하고, 둘째 권력은 강화講和와 전쟁을·행하고 외교사절을 교환하고 치안을 유지하고 침입에 대비하는 권력을 의미한다. 셋째 권력은 범죄를 처벌하고 개개인의 소송을 재판하는 권력이다.

몽테스키외의 세 가지 권력들의 성격을 살펴보자.

우선 입법권의 경우 자유로운 국가는 인민 전체가 입법권을 가져야 한다고 주장한다. 하지만 그것은 큰 나라의 경우 불가능하며, 또한 작은 나라라 하더라도 상당한 불편을 동반하므로 인민은 자신을 대신할 대표자를 뽑으면 된다고 말한다. 몽테스키외는 대표자의 장점으로 정치적 사안에 대한 토의하는 능력을 꼽았으며 인민에게 그러한 능력은 필요하지 않다고 주장한다. 이 지점에서 몽테스키외는 인민은 그 대표자를 선출하기 위한 일 이외에는 정치에 관여해서는 안 된다고 인민과 대표자의 역할 분담에 대해 명확히 한다. 인민은 자신이 선택하는 사람이 다른 여러 사람보다 식견이 우수한가 어떤가를 알 수 있는 능력을 가지고 있기 때문에 대표자를 선출하는 일이야말로 인민의 일이라고 한정짓는 것이다.

실제 대표자를 뽑아서 정치적 기능을 수행하도록 하는 것, 이

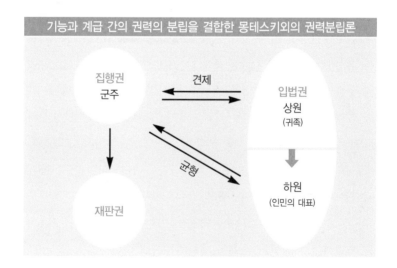

기능과 계급 간의 권력의 분립을 결합한 몽테스키외의 권력분립론

른바 근대의 대의제 정치가 서서히 구체적으로 문제되기 시작했다. 이미 로크가 자신의 저서 《통치론》에서 대의제를 통한 입법부의 구성을 제시한 바 있었다. 근대 이후 직접민주주의와 대의제의 대립 문제에서는 영토의 크기가 쟁점이었다기보다는 현실적으로 인민에게 정치를 할 수 있는 능력이 있겠느냐라는 강한 의구심, 아니 불신이 더 큰 쟁점이었다. 따라서 그들이 대의제를 요구했던 것은 인민을 통치할 수 있는 능력을 가진 엘리트를 선출하자는 것이었다.

몽테스키외는 앞에서 언급한 세 개의 권력 가운데 재판권은 거의 무력하며 실질적인 권력은 2개의 권력뿐이라고 말한다. 그래서 그 두 개의 권력을 조정하기 위한 조정 권력이 필요하다고 말한다. 그는 입법부 중 귀족으로 구성되는 부분, 즉 상원과 하원으로 구성된 양원제를 제시하고 그중 상원은 귀족으로 구성되어 그 조정 권력의 역할을 하기를 희망했다.

몽테스키외는 집행권이 한 사람, 즉 군주의 수중에 있기를 바랐다. 왜냐면 이 권력의 경우 즉각적인 행동을 필요로 하는 경우가 많기 때문에 한 사람에 의해 관리되는 것이 더 효율적이라고 판단했다.

권력분립에 의한 혼합정

몽테스키외가 말하는 권력분립은 아리스토텔레스 이래 최선의 정치체제로 거론되어온 혼합정부^{mixed government}를 의미한다고 볼 수 있다. 아리스토텔레스는 다수에 의한 좋은 정치 형태 중의 하나로 혼합정polity을 제시했다. 그에게 혼합정은 민주주의와는 구별되는 것으로 소수에 의한 통치와 다수에 의한 통치의 요소를 혼합시킨 것이었다. 아리스토텔레스는 혼합정을 통해 대부분의 사람들이 부유하지도 가난하지도 않은 적당한 재산을 가지고 있으면서 신중하게 통치할 것을 기대했다. 일종의 중간 계급의 정부라고 하겠다.

물론 몽테스키외가 중간 계급의 정부를 상정했다고 보기는 힘들지만, 권력분립은 일종의 혼합정을 의미한다. 즉 집행권으로서 군주의 권력, 입법권 내에서는 귀족의 권력과 인민의 권력이 상원과 하원으로 분리되어 존재하는 형태였던 것이다. 이는 또한 앞에서 보았던 공화주의 전통과도 연결된다. 아리스토텔레스 이래 마키아벨리 시대까지 혼합정을 선호해오던 경향이 몽테스키외에 이르러서는 '삼권분립'이라는 이름으로 정식화된 것이다. 즉 계급 혹은 계층간 권력의 분할을 삼권분립이라는 이름으로 정식화한 것이다.

몽테스키외가 로마 공화국을 이해하는 방식은 이러한 계급 간

➕ 비권력분립에 대한 이해화 변화

몽테스키외 시대만 해도 권력분립은 기능적 분립보다는 계급 간의 권력 분할 성격이 강했다. 하지만 프랑스 혁명 이후 계급, 계층이 법률적으로 소멸되면서 국가 권력을 기능적으로 분리시키고 견제한다는 의미가 강해진다. 동시에 그것의 통일성, 즉 국가 권력의 단일성 역시 강조된다.

의 권력분립과 연결되어 있다. 그는 로마 공화국을 혼합정으로 보았다. 로마의 정체는 군주정체였고, 귀족정체였으며 민중정체적이었던 것이다. 그는 로마에서 인민이 입법권의 최대 부분, 집행권의 일부, 재판권의 일부를 가지고 있으면서 최대한의 권력을 가지고 있었지만, 다른 한편에서 원로원이 집행권과 입법권의 일부 및 재판권의 일부를 가지고 있어 균형을 이루고 있었다고 본다. 하지만 그라쿠스 형제 가 원로원이 가지고 있던 재판권을 빼앗자 원로원이 인민에게 저항할 수 없게 되고, 이는 로마 정체의 파괴로 이어졌다고 보았던 것이다. 이후 로마의 재앙이 시작되었다고 몽테스키외는 생각했다.

하지만 몽테스키외에게 삼권분립은 다른 측면에서 본다면 국가 기능의 분립이라고 할 수 있다. 전통적으로 (아마도 보댕이 체계화한) 절대주의 왕권은 세 가지 기능(입법, 사법, 집행)을 절대군주가 독점하고 있었다. 몽테스키외는 세 가지 기능의 분리 필요성을 정치적 자유의 문제와 연결시키면서 자유가 실현될 수 있는 조건으로 권력의 분립을 주장하고 있다. 그리고 권력의 세 가지 기능적 분립을 계급 간의 권력 분할과 연결시킴으로써 전통적인 혼합정부의 사고와 결합하고 있는 것이다. 즉 '경쟁하는 다양한 파벌 간의 균형'이라는 권력 균형에 대한 고전적인 사고에 덧붙여 개인들의 자유와 법의 지배라는 다분히 근대적인 목표까지도 사고했던 것이다.

상업적 공화국, 영국

몽테스키외는 영국에 대해 아주 우호적이었다. 그 이유는 크게 두 가지 차원에서 찾아볼 수 있다. 우선 하나는 상업이고 다른 하나는 권력분립이었다. 즉 몽테스키외가 사고했던 두 가지 축에서의 이상을 현실에서 실현하고 있는 대표적인 예가 영국인 셈이었다.

몽테스키외는 고대의 공화정이 검소에 기반했다면, 이제 근대의 공화정은 상업에 기반할 수 있음을 인정했다. 앞에서 언급했듯이 상업이 인민의 습속을 부드럽게 한다면 이제 상업적 공화국이 가능하고 또한 바람직한 것이다. 그는 그렇게 영국을 상업적 공화국으로 보았던 것이다. 또한 그는《법의 정신》앞부분에서 영국을 가리켜, "공화정체가 군주정체의 형태 속에 감추어져 있는 국가"라는 표현을 통해 비록 영국이 군주정의 형태이지만, 공화정이 가지고 있는 시민적 덕성을 갖추고 있는 나라로 간주하고 있다.

그는 11권 6장 〈영국 정체에 관하여 De la constitution d'Angleterre〉 다음 장인 〈우리가 알고 있는 군주국가에 관하여 Des monarchies que nous connaissons〉에서 비록 직접적으로 영국을 거명하지는 않지만, 영국에 대해 다음과 같이 한 단락으로 설명하고 있다.

우리가 알고 있는 군주국은 지금 말한 것처럼 자유를 직접적인 목적으로 삼고 있지 않다. 그런 나라는 다만 시민, 국가 및 군주의 영예만을 목적으로 한다. 그러나 그 영예에서 일종의 자유정신이 발생하고, 이 정신은 자유와 마찬가지의 큰일을 할 수 있으며 또한 복리에 공헌할 수 있을 것이다. 여기서는 3개의 권력이 고루 분배되거나 융합되어 있지는 않다. 모든 권력은 각각 특별한 배분을 가지고 있으며 거기에 입각해서 정도의 차이는 있으나 정치적 자유에 접근하고 있다. 그리고 만일 그 자유에 접근하지 않으면 군주정체는 전제정으로까지 타락하고 말 것이다.

《법의 정신》의 가장 핵심은 '영국 정체에 관하여' 쓰고 있는 부분일 것이다. 영국의 정체를 거론하면서 몽테스키외는 권력분립에 대해 이야기하고 또한 현실적으로 가능한 공화정에 대해 언급하고 있다. 영국 정체를 통해 권력분립의 의미를 현실 속에서 찾으려 할 뿐만 아니라, 영국에서 상업정신이라는 시대의 흐름이 어떻게 적용되고 그 나라의 정체와 어떻게 조화를 이루고 있는가를 고찰해내려 했기 때문이다.

어쩌면 몽테스키외는 이상적인 정치체로 고대 로마 공화정을 염두에 두었을 수도 있다. 하지만 그에게 중요한 문제는 프랑스에서 절대왕정이 막을 내리고 온건한 군주정이라는 절제된 정부 형태가 자리잡기를 바랐다. 그래서 실현 가능한, 즉 프랑스가 현실적으로 따라갈 수 있는 모델을 영국에서 찾으려 했다고 할 수 있다. 이제부터 좀 더 구체적으로 살펴보도록 하자.

몽테스키외는 무엇을 말하고자 했을까?

도시 혹은 공동체의 이익과 시민 혹은 구성원의 이익 사이에서 갈등이 발생할 경우 어떻게 해결할 것인가의 문제에 대해 근대의 정치 사상가들은 두 가지 방법을 통해 접근했다. 아니 거기에는 두 가지 경향의 사상적 흐름이 존재했다. 하나는 정치란, 그 제도가 강력할 때에 효과적이며 기구의 기능이 미흡할 때는 부패한다고 주장하는 것으로 이러한 관점의 대표적인 주창자는 흄 David Hume, 1711~1776이다.

둘째 흐름은 만약 정치 제도들을 통제하는 사람이 부패한 상태라면 아무리 최선의 제도라 할지라도 그들을 인도할 수 없으리라 보는 흐름이다. 만약 사람들이 덕성을 가지고 있다면 제도의 건강 여부는 부차적인 중요성밖에 지니지 않는다고 본다. 이러한 경향을 보인 대표적인 사람이 마키아벨리와 몽테스키외다. 이 전통에서는 무엇보다도 제대로 지탱되어야 할 것은 정치의 기구라기보다는 통치자와 인민 그리고 법의 정신임을 강조한다.

이러한 측면에서 마키아벨리와 몽테스키외는 하나의 흐름을 형성하지만 반면에 같은 공화주의 전통 속에서는 갈라지는 지점이 있다. 마키아벨리가 로마 공화국에 대한 강한 집착을 가지면서 '인민이 가난함을 유지할 것'을 요구했다면, 몽테스키외는 로마 같은 존재는 이미 과거의 것이 되었음을 보여주고자 했다. 근대에 로마와 같은 공화국은 더 이상 현실성을 갖기 어려운 정치 형태가 돼버렸다. 그럼에도 불구하고 공화주의에 대한 애정은 몽테스키외로 하여금 근대에 존재하는 적합한 공화국 형태를 찾게 만들었고 결국 영국을 발견한 것이다. 사실 몽테스키외를 연구한 한 학자는《법의 정신》에는 고대의 덕성스러운 공화국과 상업적인 영국과의 모순이 지속적으로 등장한다고 평가하기도 한다. 그럼에도《법의 정신》에는 고대 로마 공화국에서 나타났던 공화주의적 덕성에 대한 몽테스키외의 경의와 상업정신의 출현과 그 현실적인 힘 그리고 그 효과에 대한 인식을 결합하려는 의지가 곳곳에 나타나 있다.

이처럼 영국은 유럽에 새로이 뿌리내릴 새로운 형태의 공화주의 모델의 실현으로서 등장한다. 상업적이면서 팽창적인 공화국, 직접 민주정의 형태가 아니라 대의제적 형태를 지닌 군주정이 바로 영국이었다. 즉 군주정 속에 숨겨진 공화정을 가지고 있는 영국이 바로 유럽의 모든 국가들에게 하나의 모범이 될 수 있었다. 이쯤에서 몽테스키외가《법의 정신》에 대한 집필을 구상하고 여러 나라를 여행하며 20여 년의 작업을 통해 방대한 저작을 완성한 궁극적인 목적이 무엇이었을까를 생각해볼 필요가 있다.

《페르시아인의 편지》에서부터 몽테스키외는 프랑스의 군주정이 동양이나 유럽의 역사 속에서 발견되는 전제군주정이 되지 않기를 바랐다. 그러한 바람이 프랑스와 그 국민에게 가장 적합한 정치 형태가 무엇일까에 대한 고민으로 이어졌다고 할 수 있다.

《법의 정신》후반부의 서술을 통해 몽테스키외는 봉건법 및 당시의 군주정 성격에 관한 논쟁에 참여했다. 특히 몽테스키외는 중세 이래 프랑스의 전통적인 헌법constitution에 대한 역사를 서술했다. 이 연구가 그의 정치 개혁에 대한 희망을 제시한 것이라 할 수 있다. 몽테스키외는 프랑스 시민법의 역사에도 영국과 유사하게 자유를 보장하는 전통이 존재한다고 믿었다. 그는 프랑스 군주제의 절제된moderate 특징이 중간 권력에 의한 구조적인 균형과 명예에 대한 열정에서 기인한다고 보았다. 이 두 가지 요소, 즉 중간 권력과 명예라는 특징은 바로 귀족 계급의 특징이자 그들의 독립에 의해 가능한 것들이었다. 몽테스키외는 《법의 정신》 중반부에서 프랑스의 기후와 토지의 특징상 호전성과 온화한 기질을 모두 가지고 있으며, 그것들이 자유롭고 독립적인 공화국을 위한 '절제된' 국민정신으로 전환되기 위해서는 중간 권력과 명예라는 요소들이 필요하다고 주장했다.

이러한 사실로 미루어본다면 몽테스키외의 《법의 정신》에 대한 저술 의도와 관련한 다음의 몇 가지 사실들을 유추해낼 수 있다. 우선 프랑스 국민을 절제된 국민으로 만들기 위해 몽테스키외는 권력 균형과 명예의 원칙을 제시했다. 다음으로 권력 균형과 명예의 원칙이 가능하기 위해 프랑스에서 귀족정의 요소가 보존되고 강화되기를 희망했다. 그리고 마지막으로 서서히 힘을 얻고 있는 상업정신에 대한 인식을 위의 원칙들과 결합하고자 했다. 그래서 그가 바라보았던 곳이 영국이었고, 프랑스가 영국과 같은 '상업적 공화국'이 되기를 바랐다. 이러한 모든 것들은 연관되어 서로가 서로를 규정하는 형태를 취하지만 몽테스키외가 판단하기에 가장 중요한 조건은 귀족이라는 중간 계급의 권력이 절대적이었다. 중간 계급의 권력에 의해서만이 프랑스의 군주정이 전제정으로 타락하지 않고 온건한 군주정, 특히 공화정의 모습을 감추고 있는 군주정을 유지할 수 있는 길이라고 믿었다.

만남 3

간주곡 – 프랑스 혁명

몽테스키외와 토크빌 사이에는 100년 정도의 시간이 존재한다. 하지만 그 100년 안에 너무나도 많은 일들이 전 세계적으로 일어났다. 굵직한 역사적 사건도 발생했는데 그것이 바로 1776년의 미국 독립혁명과 1789년의 프랑스 혁명이다.

근대의 정치체를 규정한 혁명으로 영국 혁명(1648년의 청교도 혁명과 1688년의 명예 혁명), 미국 독립혁명 그리고 프랑스 혁명을 꼽는다. 세 나라에서 발생한 혁명이지만 이는 일국에 한정되지 않고 주변은 물론 먼 나라에까지 그 영향력을 미쳤다. 또한 각각의 혁명은 다양한 사상과 사상가들의 영향을 받았고 경우에 따라 서로 다른 방식으로 이해되고 이용되기까지 했다. 여기서는 다루지 않았지만 홉스와 로크의 경우 청교도 혁명과 명예 혁명에 영향을 받기도 했고 영향을 주기도 했다. 몽테스키외의 경우 프랑스 혁명은 물론 미국 독립혁명에도 지대한 영향을 끼친 것은 말할 것도 없다.

몽테스키외의 공화주의가 계승 혹은 전유되는 형태는 크게 두 가지 방향으로 나타났다. 우선은 프랑스의 루소에 의해서이고 다른 하나는 미국의 페더럴리스트들[*] federalists 에 의해서다. 그리고 이 모든 흐름들이 다시 한 번 구체적으로 실행되는 계기가 바로 프랑스 혁명이었다. 따라서 몽테스키외와 토크빌을 이해하고 그들의 관계를 더 명확히 알기 위해서는 프랑스 혁명에 대한 이해가 필수다. 몽테스키외와 토크빌이 저술한 책의 내용은 단순한 지식의 차원에서 이해할 게 아니라 프랑스라는 하나의 시공간 속에 위치시켜 이해해야 한다. 그럴 때만이 이들의 진정한 의도를 조금이나마 파악할 수 있을 것이다(물론 이때 '진정한' 의도 역시 나의 개인적인 해석의 차원일 것이다).

➕ 페더럴리스트

미국 독립 초기에 주와 연방정부 간에 갈등이 있었을 때 연방의 권한이 강해야 한다고 주장한 연방중앙집권론자들로 1787년 제정된 미국의 연방헌법을 지지하고 그 비준을 위해 노력했으며, 대농장주·대상인 등의 유산자들이 그들의 지지를 받았다.

루소의 몽테스키외 비판

물론 루소가 선택한 방식은 몽테스키외와는 달리 다시 사회계약론자들과 같은 문제 설정으로 돌아갔고, 몽테스키외가 '현실에 있는 그대로의 것'을 대상으로 했다면, 루소는 '존재해야 하는 것'에 대한 관심으로 다시 옮겨간 것이 사실이다. 루소는 공화주의의 평등주의적 열정을 간직했었고, 그렇기 때문에 이상화한 고대의 공화주의에 비교해 근대의 정치와 사회를 비판하고자 했다. 루소는 주저 없이 마키아벨리에게 경의를 표했고, 고대 공화국 특히 스파르타를 이상적인 공화국으로 찬양했다. 루소가 대표의 개념에 대해 비판하고, 인민주권과 일반의지 등의 개념을 정교화한 것은 명백히 몽테스키외에 대한 비판으로 읽을 수 있다. 실제 루소는 《사회계약론Du contrat social》(1762)에서 몇 차례 언급을 통해 몽테스키외를 비판하고 있으며, 몽테스키외가 찬양했던 영국에 대해서도 비판을 가했다.

　루소는 주권이 본질적으로 일반의지 속에 존재하며 그렇기 때문에 대표될 수도 양도될 수도 없다고 주장했다. 일반의지의 절대성에 근거해 루소는 일반의지가 표현되는 기관으로서 입법부의 절대적 우위를 강조한다. 행정부는 이러한 입법부가 인식한 일반의지를 실행하는 실행기관에 지나지 않는다. 그는 영국의 예를 들면서 영국의 인민들이 자유로운 것은 오직 의회의 의원들을 선거하는 기간뿐이며, 선거가 끝나는 순간부터 그들은 다시 노예가 되어버린다고 지적했다. 이러한 주장들은 몽테스키외가 대표에 대해 어떻게 생각했는지를 염두에 둔다면 그 대립되는 지점이 명확해진다.

　하지만 몽테스키외와 루소의 즉자적인 대립만을 문제 삼을 필요는 없다. 그들의 문제의식 혹은 지적인 열정을 퇴색시키는 결과만을 가져올 수 있기 때문이다. 마키아벨리나 몽테스키외가 공화주의에 대한 열정을 어떻게 실현시킬 것인가의 문제, 즉 현실적으로 가능한 방식들을 찾으려 했다면, 루소의 문제의식은 기본적으로 공화주의적 덕성°의 복원과 평등주의적 애국주의의 공화주의는 시민적 '덕성'을 지닌 시민들이 정치에 적극적으로 참여해 공공복리의 실현에 공헌하는 체제를 말하며 흔히 공화국으로 대변된다. 따라서 공화국의 존립을 위해 가장 중요한 기본 원리로 대략 '시민적 덕성', '경제적 종속으로부터 시민의 자율적 독립'과 '부패 방지'를 꼽는다. 그중에서 핵심이 바로 '시민적 덕성'이다.

복권이었다고 할 수 있다. 루소에게 중요했던 것은 공화주의적 덕성의 절대적 우위였다.

마키아벨리, 몽테스키외, 루소를 거치면서 공화주의적 덕성과 대립하는 가치체계로 등장한 것이 '이해관계 interests'였다. 이해관계 혹은 이익을 실현하고자 하는 열정은 마키아벨리 시기부터 등장해 몽테스키외의 18세기가 되면서 이미 지배적인 가치로 자리잡게 된다. 마키아벨리 시기만 해도 그것을 거부할 만큼의 여력이 존재했기 때문에 마키아벨리가 추구했던 인간은 공화국에 적합한 덕성스러운 인간이었다. 하지만 17세기 홉스 이래 덕성스러운 공화국의 문제 설정은 사라지고 이제 이기적인 개인에서 출발해 근대국가를 성립시키는 계약론의 문제 설정으로 전환하기 시작했다. 따라서 몽테스키외는 근대국가 체제 아래 공화주의적 열정을 실현시킬 수 있는 가능성을 모색하고자 했다. 이에 반해 루소는 다시 순수한 공화주의적 열정의 실현 가능성, 아니 실현의 당위성을 주장하고자 했던 것이다. 루소가 "자연으로 돌아가자"로 외쳤던 것은 그가 다시 원시시대 혹은 그가 황금시대라고 생각했던 시점으로 돌아가자는 의미라기보다는 자연 상태에서 자연인이 지녔던 자연적인 선함과 행복을 올바른 이성의 도움을 빌려 현재의 사회에서 복구해보고자 하는 열망에서 나온 것이었다.

미국 독립 과정에 대한 간략한 연표	
1773	보스턴 차 사건
1774. 9	조지아를 제외한 전 식민지의 대표가 필라델피아에 모여 제1회 대륙회의를 열어 영국과의 통상을 끊고 영국 상품을 배척하기로 결의
1775	제2차 대륙회의에서 워싱턴을 사령관으로 임명하여 독립전쟁 시작
1776. 1	토머스 페인은 팸플릿 《상식Commomn Sense》에서 영국 국왕과 군주제를 공격하고, 식민지인의 독립을 주장
1776	미국 독립선언
1783	파리 조약에서 미국 독립 승인
1786	메릴랜드 아나폴리스회의에서 해밀턴과 매디슨이 헌법제정회의 개최 결의
1787	헌법제정회의 개최, 연방헌법 제정
1787.10 ~1788.8	해밀턴, 매디슨, 존 제이가 《인디펜던트 저널Independent Journal》 등 뉴욕 시의 시문에 새 헌법의 의미와 필요성을 설명하는 글을 싣기 시작 (이 모음집이 《페더럴리스트 페이퍼》)
1788. 6	뉴햄프셔가 9번째로 연방헌법 승인, 이듬해 헌법 발효
1789. 1	제1차 대통령 선거
1789. 3	제1차 연방의회 개회

　루소와 몽테스키외가 상이하게 제기하고 상이한 답변을 제시했던 문제들은 프랑스 혁명의 진행 과정에서 다시 뚜렷하게 등장한다. 루소와 몽테스키외의 지적인 갈등이 현실적인 사회 세력과 새로운 사회에 대한 갈망 속에서 등장했던 것이다.

오히려 미국 독립혁명에서는 몽테스키외의 문제의식이 현실화 되는 듯한 모습을 보인다. 물론 미국 독립혁명은 영국의 로크에 게서 지대한 영향을 받았다. 그만큼 상업정신과 개인주의적 이해관계에 대한 문제의식이 강했다고 볼 수 있다. 미국 독립혁명의 진행 과정과 그 이후까지 가장 강력한 영향을 끼친 집단은 당연히 페더럴리스트들이다. 공화국과 민주주의 그리고 몽테스키외가 제기한 문제들이 쟁점이 되기 시작한 것은 미국이 독립을 선언하고 영국과의 전쟁에서 이긴 후 새로운 공화국을 설립하는 과정에서였다.

페더럴리스트 역시 공화주의 정신의 연장선상에서 덕성의 중요성을 강조했다. 하지만 그들이 요구한 덕성은 루소의 그것과는 다른 것이었다. 무엇보다도 그들은 고대의 공화국 혹은 루소의 공화국과는 달리 거대한 영토에 기반한 공화국을 설립해야 했다. 그들에게는 군주도 귀족도 존재하지 않았기 때문에 선택할 수 있는 유일한 정치 형태가 공화국밖에 없었다. 당시 페더럴리스트들은 새롭게 형성될 확장된 공화국과 공공의 자유, 소유권에 대한 위협 요소로 지방 권력을 주목했다. 몽테스키외에게 지방 권력 혹은 귀족 권력은, 집중화되기 시작하는 거대한 중앙 권력을 견제할 수 있는 유일한 집단으로 간주되었다면, 페더럴리스트들에게는 오히려 지방 권력이 이제 갓 태어난 중앙 권력을 무력화시킬 수 있는 최대의 장애물이었다.

하지만 페더럴리스트들은 몽테스키외가 제기한 권력분립의

원칙을 충실하게 따르려 했다. 페더럴리스들은 세 개의 권력(입법부, 행정부, 사법부)이 상호견제하는 제도적 장치를 갖추고 있고 부패 선거구나 소수의 횡포를 막을 제도적 장치를 연방헌법이 마련했다고 생각했다. 당시 페더럴리스트들은 새로운 연방헌법이 1인(군주), 소수(귀족), 다수(인민)의 균형체제를 통한 혼합정부의 형태를 유지함으로써 타락을 막을 수 있다고 판단했다. 또한 당시의 공화주의자들에게도 마키아벨리나 몽테스키외와 동일한 긴장, 즉 상업과 덕성 사이의 긴장이 존재했다. 현실적으로 공화주의자들은 정치적 자유와 상업적 번영이 상호보완적이지는 않더라도 최소한 적대적이지는 않다는 데 인식을 함께했다. 사실 마키아벨리가 그 둘 사이를 적대적 관계로만 보았고, 몽테스키외는 너무 낙관적인 관계로 보았다면, 미국의 공화주의자들은 좀 더 현실적이었다. 매디슨^{James Madison, 1751~1836}은 "토지에 기반을 둔 세력과 제조업에 기반을 둔 세력, 상인의 이익과 금융 이익 등 다양하고도 상호대립적인 이익들을 조정해주는 것이 근대적 입법의 주된 임무가 된다"고 강조했다.

몽테스키외가 공화주의의 흐름 안에서 자유주의에 관한 문제 제기들, 특히 상업의 발달이 가져오는 결과, 개인의 자유 등과 관련한 것들을 적절하게 그리고 현실적으로 수용하려 했다면, 페더럴리스트를 포함한 미국의 공화주의자들은 새로운 근대국가를 성립시키면서 공화주의를 자유주의와 더욱 결합시키려 노력했다. 아니 오히려 그들은 공화주의를 훨씬 더 근대적이고 새롭게 정립했다고 할 수 있다. 그러한 그들의 의도가 분명하게 드러난 예가 '대의^{representation}'에 대한 개념이다.

⊕ 자연적 귀족

공국 독립혁명과 프랑스 혁명 등의 시민 혁명을 겪으면서 근대사회가 자유와 평등을 주요한 정치이념으로 삼게 되자 소수에 의한 정치를 의미하는 귀족정치가 이론적 근거를 잃게 되는데 그럼에도 불구하고 귀족정치가 가진 정치적 안정성은 여전히 많은 사람들에게 가치를 인정받았다. 미국의 제퍼슨(Thomas Jefferson, 1743~1826)이 주장한 자연적 귀족은 귀족의 자격요건을 '혈통'에서 '천부의 재능'으로 옮김으로써 귀족제의 가치를 근대사회에 소생시켜보려는 시도였다고 하겠다.

페더럴리스트들은 민중의 정당성과 엘리트에 의한 정부라는 요소를 결합시키기 위해 '자연적 귀족°natural aristocracy'이라는 표현을 사용한다. 여기에서 미국인들은 인민의 대표자들이 "지성적이고 뛰어난 사람들" 그리고 "가장 매력적인 장점들과 확고한 특징들을 갖추고 있는 사람들"이어야 함을 강조한다. 매디슨은 자신들의 공화정과 고대의 민주정을 명확히 구분짓는다. 공화정은 "다수에 의해 뽑힌 소수의 시민이 정부를 위임받는" 정치 형태이며, 공화정에서 "인민을 대표하는 자들로부터 나오는 공언이 인민으로부터 직접 나오는 견해보다 공공의 이익에 더 부합할 것"이라고 단언한다(《페더럴리스트 페이퍼Federalist Papers》 10호). 해밀턴Alexander Hamilton, 1755?~1804 역시 "정부의 권력은 인민 대표자들의 손에 있다"고 주장하면서 인민을 전적으로 정부 밖에 두게 된다.

미국의 혁명가들에게 공화정은 민주정과 달리 '대의제 정부'라는 형태를 갖는 근대적인 정치체제다. 비록 미국에서 국민주권론이 언급되지만 그 권력 역시 국민의 대표자들에 의해서 행사되는 한에서이며, 민주주의 역시 그런 테두리 안에서 의미될 뿐이었다. 영국과 미국 모두에서 대표 개념은 인민을 정치로부터 '실질적으로' 배제하면서 근대 정치의 대의제 민주주의의 의미를 규정하게 된다. 이제 근대의 공화정을 통해 고대 로마 공화국에 존재했고, 마키아벨리가 부활시키고자 했던 덕성에 대한 공화주의적 열정은 서서히 사라지기 시작한다.

문명화 과정

18세기 계몽주의 사상가들의 이념이나 사고들이 다양한 경로를 통해 당시 새롭게 부상하고 있던 부르주아들과 일반 민중에게 전파되었다. 귀족들과 부르주아들의 토론 공간으로 이용된 살롱^{salon}에서는 다양한 정치, 사회 문제들에 대한 의견 교환이 이루어졌다. 살롱의 여주인^{Madame}은 친분 있는 인사들을 초청해 사교 공간을 제공했고, 이런 과정에서 정치적 토론 못지않게 '낭만적 사랑'이 이루어지기도 했다. 귀족 부인과 시골에서 상경한 젊은 청년과의 사랑 이야기는 흔한 일이었다. 그리고 그것은 개인적인 사랑에 그치지 않고, 시골청년이 새로운 엘리트로 상승할 수

- -

➕ 여성의 낭만적 사랑과 살롱

낭만적 사랑을 통해 귀족 여성들은 낮은 신분의 남성들과 관계를 맺었고, 이들이 출입하는 살롱을 통해 형성되는 공론장의 확대에 기여했다. 여성화된 사랑이라고 간주되었던 이 로맨스는 기존 사회 관계에 대해 전복적인 의미를 가졌다. 형식에 얽매인 생활 그리고 권력과 재산 관계에 의해 결정되었던 결혼이라는 틀을 벗어난다는 의미에서 그것은 하나의 해방이었다.

- -

있는 기회를 보장받는 한 방편이 되기도 했다.

　또한 살롱은 궁정 문화가 전파되는 일종의 창구 역할도 했다. 베르사유 궁을 출입하던 귀족들은 궁중의 예의범절^{courtoisie}을 자신들의 삶 속에서 재현했고, 또한 살롱을 통해 부르주아들의 삶으로, 나아가 다음 세기에는 평민들의 삶으로 전파시켰다. 이것이 문명화^{civilization} 과정이다. 베르사유 궁의 예의범절이 파리와 지방 귀족 그리고 부르주아, 일반 민중들의 삶 속에서 확대 재생산되었다. 이 과정은 또한 자신들과 다른 계층에 대해서는 끊임없이 야만이라고 간주하면서, 자신들의 질서를 암묵적으로 강요하는 과정이었다. 예를 들어 서양 궁정의 식탁에 칼과 포크가 등장한 것은 15세기가 되어서였다. 이전에는 대충 손을 사용해서 먹었던 것이다. 그럼에도 칼과 포크를 사용하기 시작한 이들은 그것을 사용하지 않은 사람을 예의가 없다고 비난하기 시작했다. 궁정의 식탁에 초대를 받은 사람(귀족)은 칼과 포크를 알게 되고 집으로 돌아와 궁정의 예절을 모방하기 시작했다. 이러한 방식으로 궁정의 예의범절이 문명의 기준으로 작용하면서 모두에게 적용되어야 할 것이 되었다. 18~19세기에는 이 과정이 프랑스 내에서 혹은 유럽 내에 한정되는 듯했지만, 곧 전 세계적 과정이 된다. 유럽은 문명의 대립 항으로서 제3세계를 야만으로 간주하고 문명화 작업을 진행했다. 19세기 말 외세에 의해 강제로 개항했던 조선도 서구인의 시각에서는 야만이었음은 두말할 필요도 없다.

　서구 제국주의가 아시아를 침략할 때 내걸었던 구호가 바로 '문명화'였다. 자신의 문명을 기준으로 동양과 아프리카 등을 야만으로 규정한 서구 제국주의에 의해 제3세계의 식민화 과정, 즉 제국주의의 침략이 문명화라는 이름으로 시작되었다. 18세기까지 중국을 중심으로 하는 동양 문명은 과학기술의 측면이나 생활 수준에서 서구 유럽보다 앞서 있었다. 그 18세기의 갈림길에서 조선은 새로운 출구를 찾기보다는 세도정치라는 암흑기로 귀결되고 말았다. 그 결과 19세기 동양의 문명은 문명화라는 미명하에 제국주의적 침략을 진행시킨 서구에 대해 속수무책일 수밖에 없었다. 바야흐로 문명화, 서구화가 시작되었다. 우리는 스스로 그들이 지어준 야만이라는 호칭을 우리의 것으로 만들어나갔다. 그동안 우리가 살아온 삶의 방식을 야만적인 것으로 치부하면서 문명화를 위해 우리의 것을 빨리 털어버리는 데 열중한 것이다.

국민의 탄생

프랑스를 포함한 서구의 열강들이 제3세계에 제국주의 야욕을 드러내기 전에 먼저 해야 했던 일이 자신들의 문명화 작업이었다. 그 과정에서 프랑스 혁명은 분명 커다란 전기를 마련한다.

약 100년의 차이를 두고 존재한 몽테스키외와 토크빌 사이에는 프랑스 혁명이라는 거대한 사건이 있다. 몽테스키외가 바랐던 제한 군주정, 즉 왕의 권력이 귀족 등의 중간 집단에 의해 제한되고, 평민들의 의견이 전달되는 권력분립을 이룩한 공화국의 내용을 갖춘 군주국가는 결국 실패했다. 캐나다와 미국 식민지

전쟁에서 영국에 패배한 후 재정 위기를 겪던 프랑스 왕정은 새로운 조세 부과를 위해 150년 정도 소집하지 않았던 '삼부회'를 소집한다(1789년 5월 5일). 귀족, 사제, 제3신분(부르주아)의 세 계급으로 구성된 삼부회는 결국 부르주아들만의 의회로 발전했고, 그들은 스스로를 '제헌의회'라고 선포한다. 이제 그들은 '국민nation'을 주권자로 하는 새로운 헌법을 만들겠다고 선언한 것이다. 파리의 시민들이 1789년 7월 14일 바스티유 감옥을 점령하면서 혁명은 이제 프랑스인 모두의 것이 되었다.

프랑스 혁명을 통해 근대 국민국가nation-state의 모습이 갖추어지기 시작한 프랑스는 이미 르네상스 이래 서서히 국가의 틀을 갖추어오고 있었다. 근대적인 행정체계에 기반해 관료제 모습을 서서히 갖추기 시작했고, 군사력도 국왕을 중심으로 독점되기 시작했다. 무엇보다도 국가 간 영토적 경계가 명확해지기 시작하면서 통일된 시장을 만들어냄으로써 이후 자본주의 발전에 근간이 되는 '국민경제national economy' 체제가 만들어졌다.

국가의 모습이 형성되어가는 것과 더불어 우리가 생각해야 할 부분이, 홉스 이래 제기되어온 근대적인 정치적 주체로서 개인 문제다. 그때까지 국가의 주권은 군주라는 사고가 지배적이었고, 기껏해야 귀족과 군주의 권력 분할 정도가 전부였다. 하지만 프랑스 혁명과 함께 개인들의 집합적이고 통일적 개념으로서 국민이 탄생했고, 스스로를 주권의 담지자로 선언한 것이었다.

그리고 〈인간과 시민에 관한 권리 선언Déclaration des droits de l'homme et du citoyen〉(1789, 이하 '인권선언')과 새로운 헌법을 통해 국민의 구성원인 시민의 권리에 대해 언급하고 규정하기 시작했다. 프랑스 혁명의 시작과 함께 등장한 〈인권선언〉을 보면, 2조는 '자유, 소유, 안전 그리고 압제에 대한 저항'을 자연권으로서 인정한다. 무엇보다도 17조는 소유에 대한 권리를 '불가침의 신성한 권리'로서 선언한다. 또한 국민의 권리로서 주권, 입법, 대표 선출, 국방 등에 대한 권리를 명시한다. 〈인권선언〉은 흔히들 말하는 '민권 civil right'과 '정치적 권리political right'에 대한 규정을 내리고 있다. 상업사회의 출현과 함께 그들의 이해관계와 직접적으로 결부된 민권은 사회의 기본적인 출발점으로서 모두에게 주어지지만, 정치적 권리는 그것이 개인에 한정된 것이 아니라 공동체의 업무와 관련된다는 차원에서 단순한 문제는 아니었다. 모두에게 정치적 권리를 부여했을 때 그것이 가져오는 '수nombre'의 힘이 과연 '이성raison'적 결과를 가져올 수 있느냐의 문제가 제기되기 때문이다.

그래서 혁명 초기에는 '수동적 시민'과 '능동적 시민'이라는 구분을 통해 정치적 권리를 일정하게 제한했다. 능동적 시민은 법률의 형성과 공적 업무에 대한 이해와 능력을 갖춘 제한된 시민

➕ '이성'과 '수'의 대립

19세기 프랑스를 관통하는 대표적인 문제 중의 하나가 '이성'과 '수'의 갈등이다. 새로운 시민상에 대한 정치 세력들 간의 이견에서 부각되는 것은 우선 '자유롭고 평등하게 태어났다'고 전제한 개인들이 과연 새로운 정치질서를 형성하는 데 이성적인 결과를 가져올 수 있느냐의 문제, 즉 일반의지를 형성할 수 있을 것인가에 대한 우려에서 비롯된다. 이성과 수의 갈등은 수에 의해 표상된 민주주의와 이성에 의해 표상되는 자유주의의 갈등으로 드러난다. 그리고 거칠게 묘사한다면, 정치적 쟁점으로는 보통선거권과 제한선거권의 대립으로, 정치체제의 문제에서는 공화국과 입헌군주제의 대립으로 나타난다.

〈인권선언〉 | 국민의 권리로서 주권, 입법, 대표 선출, 국방 등에 대한 권리등이 명시되어 있다.

을 지칭하는 것이다. 당시 대의제 정부는 '공적 필요가 요구하는 배려와 감시를 전담할 수 있는 사람들을 선택하는 정부 형태'라고 정의되었다. 따라서 선거는 시민들의 의지를 잘 해석해내고 일반이익을 잘 인식해낼 수 있는 능력 있는 사람을 지명하는 기능만을 갖는 것이었다. 제한적인 시민의 권리에 근거해 민주주의 형태에서도 대의제 정부를 주축으로 하는 민주주의의 모습을 만들어갔던 것이다.

민주주의 vs. 대의제, 몽테스키외 vs. 루소

혁명 직전에 시에예스^{Emmanuel-Joseph Sieyès, 1748~1836}는 자신의 저서

《제3신분이란 무엇인가?Qu'est-ce que le tiers état?》(1789)에서 제3신분을 국민 전체와 일치시키고 있다. 이제 특권 계급은 더 이상 국민에 포함되지 않는 존재가 된다. 1789년의 혁명가들이 시도한 첫 번째 작업 중의 하나는 '구체제(앙시앵 레짐ancien régime)'라는 명명 작업이었다. 〈인권선언〉 1항은 "인간은 자유롭고 평등하게 태어난다"고 선언한다. 이제 구체제는 극복되어야 하고, 특권 계급은 없어져야 할 대상이 되었다. 몽테스키외가 왕권을 제한하면서 온건한 군주정 혹은 귀족정으로의 길을 원했다면, 혁명과 함께 새롭게 등장한 주권체로서 '국민nation'은 아예 국왕을 대신하려 했다. 혁명 초기 1789년에서 1791년까지의 과정은 영국식의 입헌군주제를 확립시키는 시기였다. 루이 16세는 영국의 왕과 같은 존재로 아니 그보다도 더 미약한 프랑스의 제1시민으로 자리매김되었고, 의회가 실질적인 권력체로 등장했다. 프랑스는 영국과 유사한 입헌군주제가 확립되었다.

시에예스가 국민과 의회를 일치시키면서 국민의 대표자들인 의원들은 국민의 의지, 즉 일반의지를 인식하고 실천하는 존재가 된다. 따라서 입법부가 일반의지를 인식하고 그것을 입법화하는 역할을 담당하면서 주권자인 국민과 일치된다. 반면 루이 16세가 자리한 행정부는 입법부가 결정한 일반의지를 실행하는 역할로 그 권한이 한정되었다. 사법부 역시 입법부에 종속되었다.

이렇듯 입법부의 절대적 지위가 확정된 것은 다분히 루소의 영향이라고 할 수 있다. 하지만 그렇다고 당시의 혁명가들이 모두 루소의 '충실한' 학생인 것은 아니었다. 분명 루소는 일반의지가 주권으로서 확립되는 것을 주장했고 그 뜻을 따라 입법부에 절대적 권력을 부여했던 것은 사실이지만, 루소가 철저하게 대의제를 반대하고 직접민주주의를 옹호했다는 점에서는 프랑스 혁명가들이 루소를 거부한 것이다. 시에예스는 애덤 스미스를 통해 얻은 지식을 바탕으로 당시 사회가 상업사회이며 노동 분업의 원칙이 지켜져야 한다고 주장했다. 그는 통치를 하는 사람과 직업으로서 경제생활을 하는 사람은 구분되어야 한다고 강조한다.

하지만 루소가 강조했던 일반의지에 대한 집착과 대의제에 대한 비판을 무시할 수만은 없었다. 루소는 영국의 대의제를 평할 때, "영국인은 선거 때만 자유로울 뿐, 그것이 끝나면 다시 노예 상태가 된다"라고 하면서 대의제가 갖는 부정적 의미를 부각시켰다. 이러한 맥락 속에서 프랑스의 혁명가들이 찾은 해결책은 대의제를 통해 선출된 대표자들과 국민을 일치시키고 동일시 identification하는 방식이었다. 대표자의 의지와 국민의 의지가 동일하기 때문에 루소가 우려했던 인민의 일반의지가 소외되거나 그로 인한 인민이 노예가 되는 상황은 존재하지 않는다고 주장한 것이다.

하지만 이러한 동일시는 국민의 일반의지를 가진 의회의 전횡으로 이어질 가능성을 다분히 가지고 있었다. 이것이 실제 현실로 나타난 것이 바로 로베스피에르가 대표적으로 추진한 공포정치 La Terreur다. 1792년 당시 프랑스는 영국과 오스트리아, 프로이센 등 프랑스의 부르봉 왕가와 친인척 관계에 있던 왕조 국가들과 전쟁을 벌이고 있었다. 이러한 상황에서 혁명정부는 프랑스 인민에게 봉기를 호소했고, 이것이 인민들의 직접적인 정치 참여라는 예상치 못한 결과를 가져왔다. 결국 1793년 루이 16세가 단두대의 이슬로 사라짐으로써 입헌군주제가 폐지되고 공화국이 성립되었다.

새로운 공화국의 헌법을 마련하기 위해 국민공회Convention nationale가 소집되고, 그 안에 핵심적인 권력 기관으로 '공안위원회Comité de salut public'가 설치된다. 당시 제2의 혁명이라고 불릴 만큼 프랑스 국민들이 적극적으로 참여했고, 그들에 의한 직접민주주의가 실행되었다. 하지만 서서히 권력은 국민공회와 공안위원회로 집중되기 시작한다. 공안위원회 의장이었던 로베스피에르는 '국민=국민공회=공안위원회=로베스피에르'라는 동일시의 논리를 통해 절대적인 권력을 행사했다. 인민에 의한 직접적인 정치가 활발히 발생했던 잠깐의 시기를 지나 정치활동은 서서히 혁명정부의 제도 속으로 포섭되었다. 그나마 다행이었던 것은 로베스피에르가 자신의 별명처럼 '부패할 수 없는 사람Incorruptible'이었다는 사실이다. 하지만 동시에 너무나 투명했기에 다른 모든 사람들에게도 그러한 것을 요구했다.

➕ 로베스피에르의 사회적 이상

'독재'와 '공포정치'를 추진한 강경한 이미지의 로베스피에르는 정책적으로는 소농민과 소생산자층이 대접받는 사회를 꿈꿨다. 그는 당시 프랑스 사회의 극단적인 빈부차를 줄이고 만인에게 직장 및 교육을 보장해주고자 했다. 이런 그의 사상은 루소에게서 받은 영향에서 기인한다. 그래서 로베스피에르에게는 '피에 굶주린 무자비한 독재자'라는 평과 함께 '계몽주의의 소산이자 애국자'라는 평가가 공존한다.

공화국의 성립과 함께 로베스피에르에 의해 주도된 국민공회의 공포정치는 프랑스인들을 루소주의자로 만드는 계기가 되었다. 그 당시 루소의 일반의지와 그에 근거한 인민주권의 신화를 믿는 시기였으며 아울러 그 모든 것들이 로베스피에르로 표상되는 절대권력의 시기이기도 했다. 앞서 말한 국민의 대표자들과 국민이 일치하기 위한 조건으로 제시된 것은 좋은 시민과 그들의 덕성 그리고 그에 기반한 사회의 투명성이었다. 로베스피에르는 민주주의 정부의 가장 근본적인 원칙은 덕성임을 강조하면서, 덕성이란 바로 "조국과 법에 대한 사랑이며, 모든 개인이익을 일반이익에 종속시키는 숭고한 자기희생"으로 정의한다. 덕성을 갖춘 좋은 시민에 기반한 공화국에서 민주주의는 "주권자인 인민들 스스로 혹은 그들의 위임자들에 의해 만들어진 법률에 의해 인도되어 통치하는 상태"로 정의되며, 덕성, 공포 그리고 민주주의의 관계가 정립된다. 즉 혁명정부에서 덕성과 공포는 민주주의를 위해 필요한 것으로 두 가지가 동시에 요구된다. 인민들의 봉기에 기반해 권력을 장악한 산악파들은 국민공회, 나아가 공안위원회와 인민의 직접적 정치 행위를 일치시킴으로써 공포정치를 가속화한다. 그것이 곧 민주주의였고 공화주의였다.

1794년 로베스피에르 세력에 반대하던 테르미도르° Termidor 파 국민공회 의원들에 의해 로베스피에르가 단두대에서 처형되고 혼란의 시기가 찾아왔다. 입법부의 절대 권력에 대한 우려 속에서 권력분립이 강조되고 몽테스키외가 루소를 대신해 부활한다. 그러면서 1791년과 1793년에 만들어진 헌법 모두 권력의 균형에 대한 문제의식이 결여되었다는 비판을 받는다. 이와 함께 전통적인 혼합정체의 모델이 제시된다. 입법부가 양분되어 민주주의 요소와 귀족주의 요소를 반영하고, 행정부 역시 단순한 실행기관을 넘어서 군주제의 요소를 갖게 해야 한다는 것이다. 혼합정체는 어떤 한 세력이 주권을 전유할 수 있는 것을 막기 위한 좋은 방편이다. 인민주권은 최종 순간에만 지배할 뿐이며, 그것은 인민의 통합성 속에 보존되어야 하는 것이었다. 일반의지에 대한 환상은 전제정을 가져오게 한다. 공화주의적 덕성이 강조되면서 그에 기반한 일반의지는 개인의 이해관계를 흡수했던 것이다. 개인들의 이해관계는 동일한 것으로 간주되었다. 하지만 이제는 이해관계의 동일성$^{identité\ des\ intérêts}$이 아니라 각 개인의 소유체계와 상업·예술의 체계에 기반한 정치가 요구된 것이다. 민주주의는 '개인들의 민주주의$^{démocratie\ d'individus}$'로 존재해야 하는 것이지 그것이 '전체 인민의 민주주의$^{démocratie\ du\ peuple\ en\ corps}$'로 존재해서는 안 되는 것이었다. 또한 직접민주주의에 대항해 '개인들의 민주주의'가 대표들과의 일정한 거리를 유지하면서 작동되어야 함을 강조한다. 이제 명확히 근대적 개인주의에 기반한 민

✚ 테르미도르

1794년 7월 26일(테르미도르 8일) 로베스피에르는 국민공회에서 반대파를 공격하는 연설을 했는데, 이것이 그의 몰락을 자초했다. 로베스피에르의 반대파들이 선제공격을 편 이날의 사건을 '테르미도르의 반동'이라 한다. 이후 혁명정부는 급격히 자유주의화되면서 인민들이 배제된 채 부르주아지들의 권력 점유가 이루어진다. 하지만 이후에도 좌·우로부터의 공격이 지속되면서 나폴레옹이라는 새로운 군주의 출현으로 귀결된다.

주주의의 모습이 드러나기 시작했음을 보여주는 것이라고 할 수 있다. 비록 이러한 실험들이 실패로 끝나고 나폴레옹^{Napoléon} Bonaparte, 1769~1821이라는 군사적 독재체제로 귀결되지만, 당시의 실험과 그에 대한 기억은 이후의 정치적 변화 속에서 재등장하게 된다.

10여 년 이상 혁명의 그림자가 지워지지 않고 반복되면서 프랑스 역사는 단절과 연속을 거듭한다. 프랑스 혁명을 통해 국민주권이 확립되었다는 점은 분명 과거와의 단절이었지만, 동시에 연속성이 오히려 더 강하게 존재하고 이후 프랑스 정치문화를 규정하게 될 측면으로 부각되었다. 비록 주권의 주체가 국왕에서 국민으로 바뀌었지만, 보댕이 말한 주권 개념, 즉 "단일하고 분할되지 않으며 절대적인 권력"으로서 주권 개념은 변화되지 않고 지속되었으며, 그것은 국민주권의 신성화를 가져왔다. 따라서 로베스피에르의 공포정치는 그러한 국민주권에 대한 신성화의 필연적인 결과물이라고 할 수 있다. 그리고 구체제부터 존재했던 중앙집권화에 기반한 강력한 국가 권력은 전혀 변화되지 않고 지속적인 국가 장치로서 작동하고 있었다.

공동체의 이익과 개인의 자유

테르미도르 이후 프랑스 혁명 과정 속에서 등장했던 전제정 그리고 이후 나폴레옹 전제정의 경험을 바탕으로 근대적인 대의제 정부에 대한 문제의식을 발전시킨 이는 스탈^{Germaine N. Staël, 1766~1817}

부인과 콩스탕Benjamin Constant, 1767~1830이다. 공포정치가 끝난 후 파리의 스탈 부인의 살롱*에 출입하기 시작한 콩스탕은 정치체제의 문제보다는 개인의 자유 보호에 더 많은 관심을 보였다.

프랑스 혁명에서 나타났던 인민들의 적극적인 정치 참여가 가져온 결과들을 목격한 콩스탕은 그의 유명한 강연인 〈근대인의 자유와 비교한 고대인의 자유De la liberté des Anciens comparée à celle des Modernes〉(1819)에서 다음과 같이 말하고 있다.

> 고대인들에게 자유는 공적인 업무 참여, 주권의 직접적 행사라는 용어로 정의된다. 이러한 집단적 자유는 전체의 자유에 개인의 자유가 완전히 종속됨과 동시에 진행된다. 의견, 산업, 종교 등의 문제에서 어떠한 개인의 자유도 인정되지 않는다. …… 반면에 근대에서 개인들은 사적인 삶 속에서 독립된 존재로서 자유롭게 사고한다. 우리들의 자유는 사적인 독립의 향유로서 정의된다.

➕ 스탈 부인의 살롱

프랑스 혁명 후 살롱은 상당한 변화를 겪게 된다. 공포정치가 끝나자마자 다시 살롱이 우후죽순 생겨나게 되었는데, 이들 중 스탈 부인의 살롱은 정치적인 중심지가 되었다. 스탈 부인은 어린 시절부터 살롱 문화를 몸으로 익혔고 조화로운 사회의 중심으로서의 살롱을 꿈꿨다. 그러나 그런 이상은 당시의 사회 구조상 실현되기 힘든 것이었다. 반나폴레옹파의 중심지로 꼽히던 스탈의 살롱은, 그녀가 세 번이나 국외 추방을 당하면서 존립의 위기를 맞았다.

콩스탕에게 근대인의 자유는 정치가 끝나는 지점에서 시작된다. "고대인들이 적극적인 정치적·공적 생활의 참여를 통한 자기실현을 자유의 특징으로 가졌다"면, 근대인들의 경우 '사적 생활의 독립'을 우선시한 것이다. 이것은 국가가 개인의 자유를 침해할 가능성이 있다는 전제하에 국가의 개입을 최소화하려는 의지의 표현이라고 할 수 있었다. 이러한 콩스탕의 자유주의에는 분명 몽테스키외나 루소에게 등장하는 공화주의적 문제의식은 전혀 찾아볼 수 없다. 나아가 그는 일반이익에 대한 신화의 성격을 부정하려고 애를 쓴다. 루소에게서 시작된 일반의지 및 일반이익의 절대성(사실상 개인이익에 대한 공동체이익의 우선성)은 시에예스와 로베스피에르에게서도 드러났다. 콩스탕은 이러한 '일반이익의 너무 과장된 사고'를 비판했다. 그는 "일반이익이 특수이익들 사이에 작동된 타협이 아니라면 무엇이란 말인가?"라고 묻는다. 그리고 이어서 "보편적인 대표가 공통된 대상에 대해 타협을 진행해야 할 부분이익들의 대표가 아니라면 무엇이란 말인가?"라고 재차 반문한다. 그는 일반이익이 분명 특수이익과 구별되지만 결코 대립되는 것은 아니라고 주장한다. 일반이익은 다양한 특수이익들의 결합이며, 부분들로 구성된 정치체를 통해 형성된다고 말한다. "100개의 부분에서 지명된 100명의 의원들은 의회 내에 각각의 특수이익들을 제기하고 …… 토론하면서 불가피한 희생들을 인식하고 그 희생들을 최소화하면서" 일반의 공공이익을 형성하게 된다고 주장한다.

이러한 콩스탕과 스탈 부인의 자유주의는 오히려 영국의 자유주의 전통과 유사하며, 이후 프랑스 정치 사상에서는 소수 흐름을 형성할 뿐이었다. 콩스탕의 출발은 국가 그리고 일반의지 등 프랑스 혁명의 경험을 통해 신성화되기 시작한 개념들이 아닌 개인의 자유였다. 프랑스 정치사에서 일반의지 혹은 공화국이라 는 이름으로 등장하는 공동체는 개인의 자유보다 앞서서 존재하 는 경향이 우세했다. 왜냐하면 무엇보다도 그들의 공화국이 시 민들의 피를 통해 건설한 공화국이었다는 역사적 사실 때문일 것이다. 그래서 그 공화국 내에서는 자신들의 의지와 신념이 실 현되는 정치공동체를 이루었다. 따라서 그들의 공화국은 결코 개인의 자유와 대립하는 것이 아니었다. 반면에 영국에서 개인 의 자유는 끊임없이 국가 권력의 영역을 밀어내면서 확대되어왔 기 때문에 프랑스와는 다른 자유주의의 흐름이 존재했다.

계속되는 혁명과 반혁명

형식적으로 그리고 연대순으로 본다면 프랑스 혁명이 마지막에 이른 곳은 나폴레옹의 제정이었다. 물론 한 역사가의 말처럼 나 폴레옹의 제정은 "혁명이라는 드라마에서 없어서는 안 될 후주^後^奏"였다. 왜냐하면 나폴레옹은 10여 년 동안 프랑스 혁명이 만들 어낸 성과들, 즉 새로운 근대적 정치 질서와 자본주의적 사회 관 계 등을 법제화하는 역할을 담당했기 때문이다. 그 결과물이 바 로 나폴레옹 민법^{Code civile français}이다. 나폴레옹의 군대가 유럽 대 륙을 누빌 때 한 손에는 총칼을 들었지만, 다른 한 손에는 삼색 기를 들고 있었다. 삼색기가 상징하는 '자유, 평등, 형제애'라는 프랑스 혁명의 가치가 전 유럽에 확대되면서 근대적인 정치·사회 질서가 자리잡기 시작한 것이다.

　나폴레옹 황제의 권력 역시 1815년 워털루에서의 패전으로 무너지고 과거 부르봉 왕정이 복고되었다. 구체제 세력(왕당파)에 의한 백색테러가 시작된 것으로 이들에 의해 다시 프랑스 혁명 이전으로 되돌리려는 시도가 진행되면서 새로운 혁명의 계기가 만들어진다. 1830년 7월 프랑스 시민들은 과거 혁명의 기억 속에서 구체제 왕정의 복고를 수용하지 못하고 새로운 혁명을 시작했다. 하지만 이번의 혁명은 프랑스 혁명의 반복이 아니었다. 프랑스 혁명 당시 강력하지 못했던 자유주의 경향의 부르주아들은 인민들의 힘에 기대어 혁명을 진행했고 그것이 인민들의 광범위한 정치 참여와 공포정치라는 바라지 않은 결과를 가져왔음을 기억하고 있었다. 따라서 1830년 7월 혁명의 발발과 함께 자유주의 부르주아들은 혁명이 급격히 확대되는 것을 막으려 했다. 이때 급작스럽게 옹립된 이가 '프랑스의 왕'이라는 루이 필

➕ 민주주의에 대한 어원적 이해

민주주의라는 단어와 정치적 생활 형태로서의 민주주의 모두 고대 그리스에서 시작되었다. 민주주의의 영어 표현인 democracy는 '인민' 혹은 '보통 사람'을 의미하는 그리스어 'demos'와 '통치하다'를 의미하는 동사 'kratein'의 결합에서 비롯되었다(kratein의 명사형은 kratos). 그리스인들에게 'demokratia'는 '보통 사람들', 즉 '교육받지 못하고 똑똑하지 못하며 가난한 사람들에 의한 통치 혹은 정부'를 의미했다. 특히 민주주의는 통치하는 데 가장 적합한 자격을 갖춘 사람들인 aristoi('가장 능력있는 사람들'이라는 의미)에 의한 통치, 즉 귀족정과 대비되는 정치 형태였다.

권력 구조 변화와 관련한 프랑스 정치 연표(1789~현재)

1789년	프랑스 혁명 발발
1791년	입헌군주제(루이 16세를 국왕으로 하고, 입법의회가 권력을 갖는 형태)
1792년	8월 10일 봉기와 왕정 폐지, 제1공화국 선포(혁명정부의 형태로 국민공회 소집)
1793년	로베스피에르의 공포정치
1794년	테르미도르 반동으로 로베스피에르의 몰락
1795년	제1차 총재정부(5명의 총재를 행정부로 하고, 상하 양원제를 채택)
1797년	제2차 총재정부
1799년	11월 9일 나폴레옹 쿠테타
1804년	나폴레옹 황제 즉위, 제1제정
1814년	나폴레옹 퇴위 및 제1차 왕정복고
1815년	나폴레옹의 백일천하 그리고 제2차 왕정복고
1830년	7월 혁명과 루이 필리프(프랑스 국민의 왕) 즉위
1848년	2월 혁명과 제2공화국(대통령과 단원제 의회) 선포
	12월 루이 나폴레옹 대통령 당선
1851년	루이 나폴레옹의 쿠테타(12. 2) 10년 대통령 취임
1852년	제2제정 선포와 황제로 즉위
1870년	9월 2일 프랑스군 프로이센군에게 항복,
	제정 폐지 임시공화국(국방정부) 선포
1875년	제3공화국 선포(의원내각제-상하 양원제),
	공화국 중반부터 서서히 상원은 실질적인 권력을 상실
1940년	독일에 의한 파리 함락과 프랑스국(État français-비시 정부) 성립
1946년	제4공화국(의원내각제-상하 양원) 선포
1958년	제5공화국 선포-드골의 등장과 대통령제로 전환

리프^{Louis Philippe, 재위 1830~1848}였다.

19세기에 들어서 민주주의는 서서히 하나의 이상으로서 자리잡기 시작한다. 물론 프랑스 혁명 당시 민주주의가 직접민주주의로 이해되었다면, 이제 그것보다는 새로운 정치 주체로 등장한 인민이 정치에 참여할 기회를 요구하는 것과 더불어 일정하게 도달해야 할 이상을 의미하는 것으로 이해되었다. 그리고 민주주의 이상을 실현할 방법들에 대한 논의의 과정과 동시에 투쟁과 대립의 과정에서 이데올로기들이 발생했다. 자유주의, 보수주의, 사회주의 등은 그러한 민주주의 이상을 실현할 이념적 형태이자 운동으로서 세력을 확장하기 시작한다. 여기서 '-주의$^{-ism}$'들은 민주주의라는 이상을 자신의 방식대로 전유하고자 한 것이었다. 사실 자유주의, 보수주의, 사회주의 이데올로기의 주창자들은 모두 스스로를 민주주의자라고 주장하고 있지 않는가?

그러한 과정에서 이데올로기들 간에는 서로 연합하거나 대립각을 세우기도 하는데 1848년은 하나의 시점을 이룬 시기였다. 영국의 명예 혁명과 프랑스 혁명의 주도적인 이데올로기였던 자유주의는 당시 진보를 표상하는 이데올로기였고, 갓 태어난 사회주의와도 연대하고 있었다. 하지만 1848년 유럽 곳곳에서의 혁명과 함께 사회주의는 본격적인 반자본주의적 내용을 통해 노동자 운동과 결합하기 시작한다. 이와 함께 자유주의는 사회주의와 결별하고 오히려 보수주의와 연대했는데 그것은 이미 자유주의가 지켜야 할 지배 이데올로기가 되었음을 의미하는 것이었다.

만남 4

토크빌과 그의 시대

프랑스 혁명을 통해 공포정치와 잦은 폭동 그리고 나폴레옹 제국의 전제정치, 뒤이은 왕정복고와 구귀족에 의한 백색테러, 그리고 1830년의 7월 혁명 등 혁명이후 프랑스 역사는 반전에 반전을 거듭하면서 안정을 찾지 못하고 극단으로만 치닫고 있었다.

이러한 흐름 속에서 프랑스인의 의식을 지배한 문제는 '혁명을 어서 빨리 끝내는 것'이었다. 혁명을 끝낸다는 것은 모두는 아니더라도 대다수가 동의할 수 있는 안정적인 정치체제를 만들어내는 것으로 이를 해결하는 것이 급선무였다. 토크빌이 미국의 민주주의를 보면서 프랑스의 민주주의 특징과 그에 걸맞은 정치 형태를 추구하려는 것도 이러한 문제의식의 연장에서 읽을 수 있다.

혁명의 그림자가 가득했던 어린 시절

알렉시스 드 토크빌은 1805년 프랑스 북서부 지역인 노르망디 Normandie 지방의 귀족 가문에서 태어났다. 토크빌의 외증조부는 말제르브Malesherbes, 1721~1794로 루이 16세의 충복이었고, 루이 16세 가 법정에 섰을 때 마지막까지 그를 변호하다가 단두대에서 죽 음을 당한 귀족이었다. 토크빌의 부친은 프랑스 혁명 당시 처형 의 위기를 가까스로 모면했고, 이후 왕정복고 시기에 열렬한 왕 당파로서 도지사를 수차례 역임했다. 토크빌은《회고록Souvenirs》 (1850)에서 어린 시절 죽은 국왕을 추모하면서 우는 어머니의 가 냘픈 노랫소리를 들으면서 자랐다고 쓰고 있다. 1830년 7월 혁 명으로 복고된 왕정이 다시 붕괴되자 왕 주변의 많은 이들이 쫓 겨난 부르봉 왕조의 편을 들었다는 이유로 상원에서 축출당했 고, 토크빌의 친척들은 새로운 왕조에 대한 선서를 거부한다. 하 지만 토크빌은 선서와 함께 7월 왕정을 수용했는데 우선 그의 내면 속에 잠재되어 있는 정치적 열망을 실현해보고자 하는 이 유에서였다. 다른 하나는 좀 더 근본적인 이유라 할 수 있는 것 으로, 그의 기본적인 역사 인식과도 관련되는 부분이다. 즉 민주 주의에 대한 이해와도 연결되는 것으로, 7월 왕정을 통한 부르 주아의 등장과 그에 따른 구귀족들의 몰락은 그가 보기에는 불 가피하고 역전될 수 없는 역사적 흐름이라는 판단이었던 것이 다. 따라서 구체제의 질서에 매달리기보다는 현실적인 힘으로 다가온 부르주아의 정치·사회 질서에 적극적으로 개입하는 비 판적 행위가 필요하다고 생각한 것이다. 토크빌은 스스로를 감성적으로는 귀족주의자이지만, 이성적으로는 자유주의자이자 민주주의자라고 생각했다. 토크빌이 귀족 출신이기 때문에 구체제에 대한 향수가 보이는 것도 사실이지만 그 스스로 민주주의를 역사적이고 거스를 수 없는 현실로 받아들이면서 그것을 자신의 방식, 즉 귀족주의적 방식으로 흡수하려 했다고 볼 수 있다.

토크빌은 1839년부터 1848년까지 7월 왕정에서 의정 활동을 했고, 1848년 혁명 이후에는 제헌의원으로, 그리고 루이 나폴레옹 정권의 바로 Odilon Barrot, 1791~1873 내각에서는 외무장관으로 7개월 정도 활동했다. 하지만 이러한 정치 활동들이 썩 성공적이었다고 보기는 힘들다. 이러한 부분들은 차근차근 이후 논의 속에서 다시 짚어보기로 하자.

"부자되세요" 기조의 이성의 주권론

토크빌은 1820년대 소르본 대학에서 기조 François Guizot, 1787~1874 의 유럽 문명사 강의를 들은 후 많은 영향을 받는다. 기조는 1830년 7월 혁명과 함께 들어선 정부에 입각入閣했다. 당시에는 기조와 토크빌의 지적 스승이었던 루아예콜라르 Royer-Collard, 1763~1845 를 중심으로 하는 독트리네르°Doctrinaires 가 자유주의

➕ 독트리네르

루아예콜라르, 기조 등이 주도한 모임이다. 우리말로는 이론파·순리파 등으로 번역된다. 이들이 주장한 중도정치는 부르봉 왕조의 복귀에 따라 중심 세력이 된 극우 왕당파와 자유주의자의 중간에 있으면서 양자의 타협과 화해를 도모하는 것이다. '하나의 긴 의자에 앉아 있는 정당'이라는 평을 들을 만큼 적은 인원수였는데, 본인들도 정당으로 간주되는 것을 원하지 않았다.

토크빌과 함께 자유주의 사상으로 정계
와 학계를 지배했던 프랑수아 기조

사상으로서 정계와 학계를 지배하고 있었다. 물론 이들이 지배적인 분위기를 형성하기 직전에는 콩스탕과 스탈 부인을 중심으로 하는 일단의 자유주의 집단 역시 존재하고 있었다. 이 두 개의 자유주의 흐름은 극히 대조적이었는데, 토크빌은 어느 집단에도 소속되지 않았고, 그들과 일정한 차별성을 지니고 있었다.

기조를 중심으로 하는 독트리네르의 자유주의는 개인의 자유 실현에서 국가의 역할을 강조하는 것이 특징이다. 독트리네르 사상에서 중심적인 내용은 '이성의 주권론'으로 사회 속에 흩어져 존재하는 진리와 이성을 대의제적 과정을 통해 권력으로 결집시키고 주권으로 확립시키는 것을 의미한다. 하지만 이성은 모든 개인에게 동일하게 배분되어 있지 않으며, 따라서 이성을 갖춘 '능력 있는 시민'에게만 선거권을 부여해야 한다는 이른바 '제한선거권'이 대두된다. 그리고 이성과 진리가 드러날 수 있게 하는 공개성의 원칙과 공론의 지도를 위한 교육이 강조되는데 특히 기조는 국가가 교육자의 역할을 해야 한다고 주장한다. 이후 역사가와 정치학자들은 이러한 기조의 자유주의를 '국가에 의한 자유주의'라고 일컫는다. 1830년대에서 1840년대의 지배이데올로기로 작동했던 독트리네르의 '이성의 주권론'은 극히 제한적인 선거권, 즉 납세액을 기준으로 1%도 안 되는 남성 성인들에게만 선거권을 부여하는 제한 선거권을 시행했다. 마르크스^{Karl Marx, 1818~1883}는 이 정권을 '납세자 정권' 혹은 '전형적인 금권 정치'라고 불렀다. 1843년 3월 2일 국회 연설에서 기조는 다음과 같이 선언한다.

> 당신의 권리를 이용하시오. 깨우치시오. 부자가 되시오. 프랑스의 정신적 조건을 개선하시오. 바로 이것들이 진정한 개혁입니다. 바로 이것들이 우리들의 힘찬 운동과 국민의 진보에 만족을 주는 것들입니다.

'부자가 되라'는 연설과 선거권의 제한에 의해 기조는 부르주아 계급의 권력을 옹호했던 인물로만 간주되었고, 그가 동시에 강조했던 계몽과 정신적 조건의 개선 필요성은 잊혀졌다. 하지만 부르주아를 위한 부의 축적과 함께 인민의 계몽은 그의 정치사상의 한 축을 형성한다. "자유롭기를 원하는 나라는 계몽되어야" 하는 것이다. 초등교육에 대한 강조 그리고 국가에 의한 공교육의 필요성 등은 사회 질서의 확립이라는 기조의 정치적 원칙 속에서 강조된다.

대의제 정부를 통해 구성된 국가는 사회의 형태를 규정짓고 사회를 제도화하는 조직자로서의 역할을 맡게 된다. 혁명이 낳은 사회에서 개인들의 원자화 및 그 해체 과정에서 국가는 개인들에게 정체성을 부여하고 나아가 그들의 자유를 실현할 수 있게 하는 역할을 맡게 되는 것이다. 기조는 근대사회의 커다란 문제로 떠오른 것이 바로 '정신의 정부^{gouvernement des esprits}'임을 강조한다. 따라서 "공적 교육을 진정으로 국민적인 것으로 만들고 그것의 지도를 국가의 중심인 정부에 부여하는 것"이 기조의 교육개혁의 핵심적인 사안이었다. 공적 교육을 통한 국민정신과 습속의 교화는 앞에서 지적한 대의제 정부의 실현을 위한 조건이기도 하다. 즉 일종의 공론의 공동체를 형성하기 위함이었던 것이다.

대의제 정부가 근거해야 할 것은 바로 이러한 "정신적 평등과 습속의 공동체"였다. 기조는 언론의 자유를 옹호하고 그것을 통한 공론의 활성화를 주장하지만 그것이 정부의 지도하에서 이루어져야 함을 분명히 한다. 기조에게 정부는 일종의 "정신적·보호자적 정부 gouvernement moral et protecteur"다. 따라서 기조는 내무부 장관으로 재직할 당시 언론의 자유에 대한 법률을 입안하면서 사회적 무질서를 가져오거나 새로운 혁명을 선동할 수 있는 글의 발표를 금지할 것을 제안하다. 잘못된 사상들의 흐름에 의해 공론이 오염되는 것을 막아야 한다는 것이다. 정신적·보호자적 국가는 사회 구성원들의 의식의 발달 방향을 올바르게 설정할 수 있도록 지도해야 할 필요성이 있다.

기조를 포함한 독트리네르들이 파고든 문제는 개인의 자유 확대가 아닌 개인들로 구성된 사회를 어떻게 조직할 것인가, 그리고 그 조직자로서 국가는 어떠해야 하는가였다. 기조가 활동했던 왕정복고 시기와 7월 왕정 당시 자유주의자들에게 가장 쟁점이 되는 문제는 정치체제와 입헌군주제의 확립이었다. 또한 기조의 사고 전개의 핵심은 근대 정치의 발달이 권력의 사회에 대한 영향력뿐만 아니라 사회의 권력에 대한 영향력을 동시에 증대시킨다는 사실이었다. 권력의 전횡에 의해 사회가 피폐화하거나 사회의 힘에 의해 권력이 그 의미를 상실하는 두 가지 극단적인 형태를 피하는 것이 기조가 추구했던 대의제 정부의 출발점이었다. 나아가 개인의 자유는 권력에 의해 확보될 수 있고, 또한 그러해야 한다는 것이다. 이런 까닭에 비록 기조에게 주체의 자유 문제가 부재한다 하더라도 그를 '정치적으로 자유주의자인 동시에 입헌주의적으로도 자유주의자'라고 부를 수 있으며, 자유주의에 통치 능력을 부여하려 했다는 의미에서 그의 자유주의를 '정부의 자유주의liberalisme de gouvernement'라고 정의할 수 있는 것이다. 그리고 그것은 주체의 자유주의가 아닌 '국가에 의한 자유주의'이며, 권력을 단순한 사회의 봉사자로서가 아니라 개입과 적극적인 행위의 수단으로서 파악한 '이단적인 자유주의'인 것이다.

하지만 개인의 자율적이고도 이성적인 행위 능력을 인정하지 않으려 하고, 선거는 시민의 권리가 아닌 능력 있는 사회 구성원의 특수한 기능으로 간주하면서 극히 한정된 시민들에게만 선거권을 부여한 기조의 논리는 당시의 정치 상황 속에서 반민주주의적으로 간주될 수밖에 없었다.

토크빌이 7월 왕정에서 1839년부터 1848년까지 의정 활동을 했지만 성공하지 못했던 것은 이후 그의 민주주의관에서 볼 수 있듯이 반민주주의적인 기조의 입장에 동의할 수 없었기 때문이다. 비록 토크빌이 민주주의를 맹신하지는 않았다 하더라도 그것의 불가피성은 인식하고 있던 터였다. 당시 민주주의의 양상은 투표권의 문제와 결합되어 나타났고 그것을 거부하는 것은 곧 인민의 요구를 억압하는 것이었기에, 토크빌은 투표권에 대한 극단적인 제한을 취할 경우 폭동의 불가피성을 역설했다. 즉 1848년 혁명은 토크빌이 보기에는 피할 수 있었던 재앙인 것이다.

7월 왕정의 중간계급

1789년에서 1830년까지 프랑스의 역사는 그 전통과 추억, 희망을 대표하는 귀족 신분의 구체제와 중간 계급la classe moyenne이 이끄는 새로운 프랑스 사이에 전개된 치열한 투쟁의 과정이었다. 1830년 7월 혁명을 통해 중간 계급은 너무도 결정적이고 완벽한 승리를 거뒀다. 그 이전까지는 모든 정치적 권력과 특혜, 참정권, 나아가서는 이 나라의 정권 전체가 부르주아지라는 편협한 한 계급에게만 집중되었다. 하지만 혁명 이후로는 중간 계급의 특정한 정신이 모든 관계를 지배하는 정부의 일반정신이 되었다. 이 정신은 부지런하고 활동적이었으며, 대개는 예의 발랐지만 정직하지는 못했다. 그들은 허영심과 이기심으로 가득 차 있고, 기질적으로 겁이 많았다. 언제나 안일한 생각과 범속한 생활을 원하며 매사에 적당주의로 대처했다. 이 정신은 귀족이나 인민의 정신과 혼합되면 매우 훌륭한 특성을 발현할 수 있지만, 단독으로는 덕성도 위대함도, 그 어느 것도 갖지 못한 정치를 낳을 뿐이다. 그들은 공익에 대해서는 거의 생각조차 하지 않았고 인민의 안녕과 복지에도 무관심했으며, 오직 자신들의 사적인 이익에만 전념했다.

토크빌은 이러한 중간 계급의 행태와 양상을 미국의 민주주의 사회에서도 일정하게 발견할 수 있었다. 그는 《미국의 민주주의》 2권에서 이러한 문제의식에 관련해 이야기하고 있다.

미국의 민주주의에 대한
프랑스적 독해

1830년 7월 혁명 당시 토크빌은 베르사유 법정의 배석판사로 일하고 있었다. 이듬해 그는 미국 여행을 신청했다. 명분은 미국의 감옥체제에 대한 연구였지만, 사실 미국의 공화국 체제를 직접 확인하고 싶었던 것이었다. 무엇보다도 토크빌은 혁명이 반복되는 프랑스와 비교해 안정적인 정치체제를 유지하는 신대륙을 보고 싶었다. 토크빌은 1831년 4월부터 1832년 5월까지 1년이 넘는 기간 동안 미국을 여행한다. 귀국 후《미국의 교도행정 체제와 그 체제의 프랑스 내 적용 여부Du système pénitentiaire aux États-Unis et de son application en France》(1833)라는 두 권의 보고서를 완성했다. 그리고 이후 1835년《미국의 민주주의》1권을, 1840년에 2권을 출판했다. 특히 1권은 상당한 대중적인 반향을 일으켰고, 그 덕분에 '19세기의 몽테스키외'라는 칭호를 얻었다. 그리고 당시 학자들에게 최고의 영예였던 아카데미 프랑세즈Académie française에 '단 한 권의 책'으로 선출되기도 했다.

《미국의 민주주의》는 미국의 정치현실과 미국의 민주주의에 대한 서술이지만, 그것은 분명 프랑스의 민주주의에 대한 고민이 짙게 깔려 있는 책이다. 따라서 우리는 《미국의 민주주의》를 프랑스적으로 독해해야 한다. 그것이 토크빌의 의도를 충실하게 따르는 방법이다.

《미국의 민주주의》는 어떤 책인가?

《미국의 민주주의》1권은 주로 미국의 정치, 사회 제도와 그 습속 등을 분석하고 있다. 다시 1권은 2부로 구성되어 있는데, 토크빌은 〈서문〉에서 1부는 민주주의가 법률, 정부 그리고 일상생활에 부여하는 방향과 힘 등을 찾아내고 민주주의가 발생시키는 선과 악이 무엇인가를 파악하려 했으며, 나아가 미국인들이 민주주의를 유지하기 위해 어떠한 장치를 구성하고 있는가를 밝히려 했다고 말한다. 그리고 2부에서는 미국에서 조건의 평등과 민주주의 정부가 시민사회, 습관, 이념, 습속에 미친 영향들을 검토하려 했다고 주장한다. 1권은 다분히 미국적이다. 토크빌은 미국이 만들어지는 그 출발점에서부터 미국의 특수성을 찾으려하고, 동시에 현재 미국인들의 교육과 습속의 특징을 밝혀내려 했다. 이처럼 《미국의 민주주의》에서 핵심을 이루는 작업은 2부 9장의 제목처럼 "미국에서 민주주의적 공화국을 유지시키는 주요한 원인들"을 찾으려는 것이었다.

그렇다면 2권에서는 어떠한 작업을 진행했을까? 사실 토크빌

《미국의 민주주의》(왼쪽)와 토크빌이 이 한 권의 책으로 아카데미 프랑세즈에 입성했음을 풍자한 그림

은 5년 후 2권을 낼 때 그 제목을 《미국의 민주주의》 2권으로 하고 싶지 않았다. 하지만 출판사의 상술, 즉 1권의 성공이 2권의 성공을 가져다줄 것이라는 믿음 때문에 토크빌의 의도와는 달리 《미국의 민주주의》 2권이란 제목이 붙었다. 하지만 2권은 출판사의 의도만큼 성공적이지는 못했다. 사실 1권이 미국의 정치와 사회 등에 대해 서술적으로 묘사하고 있다면, 2권은 좀 더 철학적이고 분석적이다. 따라서 2권은 더 어려운 것이 사실이다.

1권의 성격이 '미국적'이라면, 2권은 '민주주의적'이라고 하겠다. 2권 역시 미국의 민주주의를 대상으로 하고 있지만, 미국의 민주주의에서 미국적인 것과 민주주의적인 것을 구분하려 했다. 토크빌은 미국적인 것, 즉 미국 사회의 역사적인 특수성으로 두 가지를 들고 있다. 하나는 미국 사회의 기원에서 청교도가 기본적인 역할을 했다는 사실이고, 다른 하나는 미국이 혁명을 경험하지 않았다는 점이다. 미국의 민주주의를 분석하면서 '미국적인 특징'을 구별해내고 남은 것이 민주주의의 특징이라고 간주했다. 민주주의적 특징을 나열하면서 민주주의의 이상적인 형태를 구성해내려는 것이 2권의 의도. 그리고 최종적으로 이렇게 구성해낸 민주주의의 이상적 형태와 귀족주의를 벗어나지 못한 유럽을 비교하는 작업이 2권의 핵심을 이루게 된다.

더 나아가 2권의 후반부에 이르면 미국에 대한 언급보다는 민주주의 사회 자체의 경향을 귀족주의 사회와 비교하면서 분석을 심화시킨다. 1권이 미국 민주주의의 특징을 분석했다면, 2권에서는 미국을 통해 귀족주의의 잔재를 찾을 수 없는 민주주의라는 모델, 즉 순수한 민주주의에 근접한 예를 찾아냈다. 그리고 귀족주의와 민주주의라는 두 가지 원칙이 대립하고 투쟁하고 있는 유럽, 또한 혁명을 통해 민주주의를 발생시킨 유럽을 앞에서 추출한 순수한 민주주의 사회와 비교하고 있는 것이다.

두 권이 출판된 시기와 토크빌이 관심을 가진 대상의 변화에 주목한 일부 학자들은《미국의 민주주의》1권과 2권이 별개의 다른 책이라고 주장하기도 한다. 분명《미국의 민주주의》1권과 2권에서 나타나고 있는 주요 문제가 상이한 것은 사실이다. 1권은 유럽에게는 먼 미래의 일인, 미국에 근거한 계급 없는 사회(물론 마르크스가 말하는 무계급 사회를 의미하는 것이 아니라 법률적으로 평등한 사회로서 계급이 있었던 구체제와 비교되는 의미에서 계급 없는 사회라는 표현을 사용한다)와 완벽한 민주주의에 관련한 것인 반면에, 2권은 혁명에서 탄생한 불완전한 민주주의, 즉 민주주의적 혁명의 특징이 결합되어 나타나는 민주주의 사회의 문제를 다루고 있다. 따라서 분명 1권에서 토크빌이 보여주었던 민주주의에 대한 낙관적 견해는 2권에 이르러 개인주의의 병폐와 국가 권력의 증대 등 민주주의가 가져오는 폐해를 지적함으로써 비관주의로 흐르고 있음을 충분히 감지할 수 있다. 이러한 이유 때문에 학자에 따라서 1권을 '민주주의인가 혁명인가', 2권을 '민주주의와 혁명'으로 새롭게 명명할 수 있다고 주장하기도 한다.

하지만 두 권의 책 속에서 토크빌은 민주주의에 대해 지속적으로 성찰하고 있으며, 공공정신에 대한 강조 및 정치적 제도와 선택을 결정짓는 이념과 습속에 대한 강조는 두 권의 책을 관통하는 지배적인 사고라 할 수 있다. 토크빌이 시도한 것은 거대한 힘으로 등장하고 있는 민주주의 분석을 위해 1권에서 미국을 예로 들었고, 2권에서 보다 직접적으로 유럽, 구체적으로 프랑스의 민주주의를 진단하는 것이다. 그러한 의미에서 토크빌에게 미국의 민주주의는 상당 부분 단순한 재료의 성격을 갖고 있으며 주제는 프랑스의 민주주의를 어떻게 이해하고 어떻게 발전시킬 것인가의 문제였다.

미국의 민주주의와 유럽의 민주주의

그렇다면 왜 민주주의가 문제되었던 것일까? 토크빌이 민주주의라는 개념을 통해 얻고자 했던 것은 무엇일까? 또 그가 전달하고자 했던 것은 무엇이었을까? 무엇보다도 토크빌은 프랑스에서의 잦은 혁명이 민주주의 때문이라는 확신을 갖고 프랑스와는 다른 미국의 민주주의를 보고자 했던 것이다.

하지만 《미국의 민주주의》에서 나타나는 민주주의에 대한 이해의 방식은 너무나 다양하다. 토크빌 연구자들은 그것들을 세분화해 10개 이상의 다른 의미로 민주주의가 사용되었다고 분석하기도 한다. 그러나 토크빌이 사용한 예를 종합해볼 때 민주주의라는 용어는 일반적으로 크게 두 가지 의미로 사용하고 있다. 그 하나는 인민에 의한 정부라는 정치체제의 의미와 다른 하나는 민주주의로 향하는 평등에 의해 특징지을 수 있는 조건의 평등으로서 사회 상태라는 것이다. 전자는 당시 프랑스의 정치 상황 속에서 일반적으로 인식되고 있던 정의며 아울러 당시의 많은 사람들이 이해하는 방식이었다. 그리고 토크빌 역시 그것을 수용한 것이다.

그러나 토크빌의 모든 저작에 흐르는 맥락을 볼 때 후자, 즉 조건의 평등으로서 사회 상태라는 민주주의에 대한 이해가 오히려 주류를 이루고 있으며 이후의 토크빌에 대한 이해에서도 역시 그러하다고 할 수 있다. 결국 인민주권의 정의 또한 조건의 평등이 이루어진 사회 상태라는 민주주의적 정의로 포괄되어 이해할 수 있다. 토크빌은 미국의 민주주의를 관찰하면서 인민주권으로서 민주주의가 미국인들의 사회 상태 속에 어떻게 각인되었는가를 살핀다. 미국에서 인민주권의 원칙은 "다른 나라에서와 같이 숨겨 있는 것이 아니라 그들의 습속에 의해 인정되고 법률에 의해 선언되어" 그들의 삶 속에 내재되어 있었다. 따라서 인민주권은 조건의 평등으로서 사회 상태라는 민주주의 개념의 한 부분이자 동시에 그 결과물로서 이해할 수 있다.

토크빌의 민주주의에 대한 특이한 개념 정의를 보여주는 대표적인 말 중의 하나는 "프랑스의 왕들이 가장 적극적인 수평주의자"이며 "민주주의의 과정은 이미 700년 전부터 이루어지고 있었다"라는 주장이다. 가장 반민주주의적인 인물로 간주되어 프랑스 혁명에서 단두대의 제물이 되었던 루이 16세와 같은 프랑스의 왕이 '가장 적극적인 수평주의자'이고, 그들이 재위한 지난 수백 년의 절대왕정 시기에 이미 민주주의가 이루어지고 있었다니!

이와 관련해 몽테스키외가 군주정에 대해 언급한 것을 상기해 보자. 몽테스키외는 군주정에서 귀족이 필수불가결한 세력이라고 주장하면서 그것이 없어진다면, 민주정이 되거나 전제정이 될 것이라고 주장했다. 토크빌이 말한 수평주의자로서 프랑스의 왕이 바로 그러한 예일 것이다. 몽테스키외가 우려한 일이 토크빌의 시각에서는 눈앞에 있는 현실이었다. 프랑스의 왕들은 귀족 세력의 중간 매개 권력으로서의 역할을 인정하지 않고 그들을 제거함으로써 왕과 인민 사이에 그 어느 것도 남기지 않은 것이다. 따라서 프랑스는 이미 오래전부터 민주정이 된 것이다. 동시에 그것은 전제정이기도 했다. 토크빌은 이러한 자신의 분석과 몽테스키외의 분석을 결합해 나중에 보게 될 개념인 '민주주의적 전제정'이라는 말을 만들었던 것이다.

이러한 민주주의에 대한 인식은 다른 한편으로 민주주의의 모델로서 미국을 이해하면서 얻은 결과다. 토크빌은 미국에서 "민주주의 자체의 이미지와 그 성향과 성격, 편견, 민주주의의 정념들을 찾으려” 했다. 미국은 토크빌에게 민주주의의 순수한 경험으로 등장하고 있다. 유럽 대륙의 경우 민주주의의 정착과 조직화에 무능함을 보이고 있으며, 그 발전에 둔감하다는 사실이 토크빌로 하여금 미국이라는 우회로를 통해 민주주의의 원칙을 이해하게 했던 것이다.

유럽에서 민주주의는 ‘힘의 이미지’로 떠받들어지거나, 혹은 “그것이 과다하게 되었을 때 수정하고 교육시키려 하기보다는 아예 파괴하는” 대상이 되었던 것이다. 토크빌은 민주주의를 그 자체의 원칙 속에서 이해하기 바랐다. 그래서 유럽 대륙의 지적·정신적 무질서 속에 산재되어 있는 민주주의를 보는 것이 아니라, 중세 봉건 귀족의 전통과 혁명을 경험하지 않고 순수하게 형성된 신대륙의 민주주의를 관찰하고자 했던 것이다. 하지만 토크빌은 민주주의가 반드시 미국과 같은 모습이어야 한다고 생각하지 않았다. 그는 다른 방식, 즉 습속과 법률이 다른 사회에서는 상이한 민주주의의 모습을 상상할 수 있다고 주장했다. 사실상 토크빌은 《미국의 민주주의》를 쓰면서 지속적으로 미국적인 것, 민주주의에 고유한 것, 또한 유럽적인 것 등을 각각 구별하려고 노력했다. 그에 따라 상이한 조합이 가능한 것이었다.

《미국의 민주주의》의 주요한 의도 중의 하나는 민주주의라는 “새로운 세계에 새로운 정치학”를 제시하는 것이었다. 새로운 정치학의 임무는 “민주주의를 교육하고, 가능하다면 민주주의에 대한 믿음을 일깨우고, 그 습속을 순화시키고, 그 운동을 조절하고, 무경험을 과학으로, 맹목적인 본능을 진정한 이해관계에 대한 인식으로 대체하는 것, 정부를 시간과 장소에 적응시키고 환경과 인간에 맞추어 수정하는 것"이라고 토크빌은 서문에서 밝히고 있다. 이러한 새로운 정치학에 대한 필요성은 그의 민주주의에 대한 이해에서 비롯된 것이다. 토크빌에게 '조건의 평등'으로서 민주주의는 하나의 섭리적 사실, 즉 거스를 수 없는 힘으로 작용하는 것이었다. 또한 미국에서 민주주의적 사회 상태는 부인할 수 없는 사실이었으며, 과거의 역사와 혼합되어 있는 유럽에서 역시 거부할 수 없는 역사적 경향이었다. 물론 미국은 민주주의적 사회 상태에 걸맞은 민주주의 정부를 성립시킨 반면에, 유럽은 거대한 민주주의 혁명을 겪었다는 점이 달랐다. 토크빌이 보기에 민주주의 혁명은 민주주의가 가져온 폐해 중 하나였다. 프랑스가 혁명을 겪으면서 다다른 결론은 공포정치 혹은 나폴레옹이라는 황제의 전제정이었다. 따라서 이러한 민주주의에 적응하고 또한 민주주의가 가져올 수 있는 폐해들을 방지할 수 있는 노력들을 제시하는 것이 '새로운 정치학'의 임무라고 주장했던 것이다.

민주주의의 역설, 개인성이 소멸되다

노르망디 귀족 출신인 토크빌은 민주주의의 수용자인 동시에 귀족주의자였다. 이성적으로는 민주주의를 받아들이고 그것을 통해 새로운 모색을 시도하려는 민주주의자임에는 틀림없지만, 감성적으로는 귀족주의자로서 또한 자유주의자로서 민주주의를 파악하려는 시각을 가지고 있었다. 그는 귀족주의 사회가 가지고 있었던 다양한 가치들에 대해서 미련을 드러내곤 했다. 토크빌은 봉건제 사회에서 보여주었던 용기와 명예 그리고 절제하는 삶에 대해 미련을 가지고 바라보았다. 물론 민주주의 사회의 명예나 용기에 대해 부정하는 것은 아니지만, 그러한 가치들은 극히 제한적일 뿐이다. 민주주의 사회에서는 명예에 대한 규범들이 다양하지 못하며 사람들은 일반적으로 좁은 범위 내에 한정되어 있다. 따라서 토크빌은 민주주의 사회에서, 이를테면 작은 일들이 반복되는 사생활 속에서 사람들은 야심을 잃게 되고 왜소해질 것이라고 우려했다. 인간의 열정이 약화되면서 동시에 저속해질 수도 있다는 것이다. 이러한 맥락에서 토크빌은 현대 사회의 지도자는 사람들의 야심을 북돋우고 행동을 넓히도록 독려할 필요가 있다고 주장한다. 현대인들에게 가장 절실히 요청되는 것은 자존심이기 때문이다.

토크빌이 귀족주의 시대와 민주주의 시대를 비교하는 것 중의 하나가 자유에 대한 생각이다. 그는 분명 구체제의 귀족주의 시대 자유가 특권 계급에 한정되었다는 의미에서 잘못된 것이라는 점을 인정한다. 하지만 그런 계급의 한계 속에서 왜곡되고 축소된 형태의 자유이긴 해도 오히려 개인성을 발달시킨다는 의미에서 아주 비옥한 자유였다고 평가한다. 반면에 민주주의 시대의 자유는 개인주의적 고립 속에서 노예 상태로 귀결될 수 있음을 지적한다. 토크빌은 민주주의적 자유와 귀족주의적 자유를 다음과 같이 비교한다.

자유의 귀족주의적 개념은 그것을 수용하는 이들의 개인적 가치와 독립을 위한 열정적인 취향을 증진시킨다. …… (반면에) 민주주의적 개념, 감히 말한다면 자유의 정당한 개념은 평등한 권리를 발생시키면서 이웃과 독립해 살게 하고 자신에 대한 절대적인 권리를 갖게 한다. …… 시민의 덕목과 노예의 자족 사이에는 어떠한 중간도 존재하지 않는다.

토크빌은 귀족주의적 자유가 나타났던 예로 로마를 들고 있다. 로마에서는 비록 자유가 귀족들에게만 한정되었지만, 시민들의 덕목은 발전했다. 하지만 자유에 대한 정당한 개념이 발달한 민주주의 시대에 오히려 자유는 평등한 자유라는 이름으로 개인들을 고립시키고 노예화하려는 경향까지 나타난다고 보았다.

물론 토크빌은 민주주의적 인민들이 실현하려고 하는 이상은 모든 인간이 완전히 평등하고, 또한 평등하기 때문에 자유로운 상태, 그리고 자유롭기 때문에 평등한 상태라고 말한다. 이러한 경우 모든 시민들은 평등한 권리를 가지고 정부에 참여하기 때문에 어느 누구도 전제적인 권력을 행사하지 못한다. 하지만 근대 민주주의적 시민이 택하는 길은 이러한 이상과 멀어지고 오히려 앞에서 지적한 노예 수준의 만족으로 향하게 된다.

결국 자유에 대한 민주주의적 정의는 '인간들을 분리시키는 평등'이라는 결과를 가져온다. 자유에 대한 정당한 개념으로서 민주주의적 자유는 바람직하지 못한 고립된 평등을 발생시킨다는 것이 토크빌이 파악한 민주주의의 역설이다.

이러한 민주주의의 역설은 그가 묘사한 민주주의 사회에서의 개인주의적 특징에서 보다 명확히 드러난다. 민주주의적 조건의 평등화 과정이 개인주의를 발달시키지만, 그러한 개인주의는 오히려 진정한 인간의 개인성을 소멸시킨다는 것이다. 인류만큼이나 오래된 악으로서, 단지 자기 자신에 대한 열정적 애착인 이기주의와 구별해 토크빌은 개인주의를 민주주의의 특수한 현상으로 이해한다. 특히 이러한 개인주의는 프랑스 혁명 과정에서 탄생한 것이 아니라 이미 구체제에서부터 발달해왔음을 강조한다. 물론 구체제에서의 개인주의는 토크빌 당시의 개인주의와는 구별되어 "수많은 작은 집단들이 단지 자신만을 생각하는 일종의 집단적 개인주의^{individualisme collectif}"였다고 그는 말한다. 민주주의 시대의 개인주의는 "숙고되고 평온한 감정으로서 각 시민들을 동료들로부터 분리"시킨다. 또 사회의 평등화에 비례해 확산되며 공적인 덕목의 근원들을 고갈시키고 끝내는 이기주의로 전락하게 된다. 개인주의로 특징지을 수 있는 "민주주의는 각각의 인간을 언제나 자기 자신에만 매달리게 하며 마침내는 인간을 완전히 고독한 존재로 가둘 위험을 안고 있다"는 것이다.

그렇다면 이러한 개인주의의 발달이 어떻게 개인성의 말살로까지 이어지게 되는가? 바로 민주주의가 가져오는 동질화 과정 때문이다. 권력은 인간들의 고독에 비례해 집중된다. 시민들 사이의 연관 관계를 약화시키면 시킬수록, 국가는 사회 전체에 대한 권력의 영향력을 강화시킨다. 토크빌은 "민주주의 사회에서 개인은 매우 허약하다. 그러나 모든 개인을 대표하고 모든 개인을 포괄하고 있는 국가는 매우 강하다. 민주주의 국가에서처럼 시민이 하찮은 존재로 전락하는 곳은 없다"라고 말한다. 따라서 권력이 강화된 중앙집중화는 인간의 외부적 행위에 일정한 획일성을 부여하게 되고 결국 개인은 그 획일성 안에서 동질화된다.

토크빌은 귀족정 시대와 비교하면서 민주주의의 조건의 평등화가 민주주의적 동질화를 가져오는 과정을 묘사한다. 민주주의가 '미국의 영어를 어떻게 변화시켰는가'를 검토한 것이 바로 그러한 예 중 하나다.

귀족정 시대의 언어는 고정된 규칙과 형태에 따라서 구성된다. "귀족 사회에서 언어는 모든 사물이 머물러 있는 휴지(休止) 상태에 자연스럽게 참여"한다. 즉 귀족정 시대에 언어는 담론의 부동성과 고래적 사용법 때문에 변화하지 않는다. 또한 각각 계층의 언어가 존재하고 학문적 언어와 구어체적 언어가 구별되어 사용된다. 귀족정 시대의 언어는 제한적인 자유와 계급적인 한계에도 불구하고 "많은 사람들에게 그 타고난 독창성과 색채, 윤곽을 보존해주고, 그들의 마음속에 자부심을 불어넣어줌"으로써 민주주의 시대에 지배적으로 나타나는 동질화의 경향이 존재하지 않았다는 것이다.

반면에 민주주의 국가에서 언어는 정치만큼이나 변화를 선호하게 된다. 계급의 구별이 사라진 민주주의 사회에서 언어 역시 그 구별이 사라지고 서로 혼합되었다. "최대 다수에 부적합한 언어들은 사라지게 되고, 나머지의 언어들은 모든 사람들이 마음대로 선택해 사용할 수 있는 공동의 저장소를 이루게" 된다. 이러한 민주주의 시대에 이뤄지는 언어의 진화는 사회적 담론의 동질화를 가져오게 한다. 하나의 민주주의 사회는 동일한 언어의 공간이 되며 시민들 사이의 언어적 차이를 제거해버린다.

토크빌은 민주주의 사회의 평등이라는 '추동적 사실(fait générateur)'

이 시민들의 언어를 동질화시키고 또한 문학, 역사, 과학 등에서 단순화 경향들을 가져오며 전반적으로 개인들의 습속을 단순화, 동질화시키는 경향이 있다는 것을 강조하며 추적하고 있다. 따라서 "민주주의 사회에서 인간은 하찮은 존재로서 서로 유사하기 때문에 각각의 개인은 그 자신을 보면서 동시에 그의 동료 인간을 보게 된다"는 것이다. 민주주의 사회의 구성원인 개인은 조건의 평등에 의해 자신의 영역을 확보하고 굳건하게 지켜낼 수 있는 개인주의를 발달시키지만, 동시에 그것은 진정한 개인성의 소멸을 가져오고 만다는 것이 민주주의의 역설인 것이다. 민주주의가 개인에 그 기원을 두고 있지만, 동시에 민주주의가 발생시키는 사회적 제도들이 행사하는 영향력에 의해 개인의 개인성은 위험에 처하게 된다는 것이다.

민주주의적 전제정

토크빌은 민주주의가 갖는 필연성을 인식하고 또한 그 정당성을 인정하면서 동시에 그것이 갖는 한계와 폐해들을 지적했다. 그는 자유에 대한 민주주의적 개념이 정당성을 갖는 것은 사실이지만, 그것은 평등한 권리에 대한 개념을 발생시키면서 개인이 이웃과 단절해 자신의 절대적인 권리 속에서 살게 한다고 말한다. 문제는 그 결과 일종의 노예의 자족과 같은 생활이 발생할 수 있다는 것이다.

　토크빌은 민주주의가 가능한 한 최대 다수에게 물질적 복지를 가져다준 것은 주요한 기여라고 생각했다. 가능한 한 많은 사람들이 물질적 복지를 누리는 것이야말로 자유가 실현될 수 있는 기본적인 조건을 충족시킨다고 보았다. 즉 민주주의는 평등에 대한 기본적인 관념을 확산시킨다. 모두가 더 많은 부를 추구하기 위해 노력하고 사회적 조건은 그것을 가능하게 하는 것이 민주주의 사회의 기본적인 특징이며, 나아가 이러한 특징은 정치적 권리에 대한 부분에까지 동일한 관념을 낳아 보통선거권을 당연한 것으로 여기도록 한다.

하지만 토크빌은 민주주의 시대에 나타날 수 있는 평등한 자유의 위험을 경고한다. 사람들이 정치적 자유와 권리에 대해서는 무관심하면서 물질적 향유에 대해서만 관심을 기울이는 상태를 만들어낼 수 있다는 것이다. 토크빌은 민주주의 시대에 사는 사람들이 많은 열정을 가지고 있는 것은 사실이지만, 그 열정의 대부분이 부富에 대한 집착에서 끝나거나 거기에서 출발한다고 주장한다. 그 부를 추구하는 것이 민주주의 시대 많은 사람들의 행동의 출발이거나 끝이라고 보았던 것이다.

토크빌이 민주주의 시대 사람들의 특징을 이렇게 규정한 것은 분명 미국의 민주주의 사회를 분석하면서 내린 결론이다. 귀족주의 시대를 거치지 않은 미국을 보면서 토크빌은 미국이 돈 이외에는 어떠한 것도 사람들 간의 차이를 형성하지 못하고, 돈만이 인간을 상위 계층으로 끌어올릴 수 있는 사회라고 파악했다. 부에 대한 집착이 미국인들의 모든 행동의 동기 근저에 깔려 있다고 보았던 것이다. 그렇기 때문에 미국인들은 상업이나 공업에 몰두한다는 것이다. 하지만 미국의 민주주의 사회에서 물질적 이익만을 추구하는 열정을 지닌 사회 구성원들은 "서로를 묶어주는 공통의 끈" 없이 병렬적으로 존재하게 된다고 토크빌은 경고한다. 상업적 열정이 가득한 미국 사회를 보면서 토크빌은 "미국에는 야심 있는 사람은 많은데 어째서 고매한 야심은 찾아보기 힘든가?"라고 문제를 제기한다. 미국인들은 끊임없이 재산과 권력, 명성을 얻으려고 격렬하게 노력하는 데 그치고 있을 뿐 고매하고 위대한 야심은 없다고 비판한다. 160여 년 전에 이미 미국에 관한 분석을 가하고 가능한 진단과 처방을 내리는 토크빌의 통찰력은 지금 보아도 탁월하다. 물론 토크빌은 이러한 경향이 미국에 그치지 않고 거의 모든 동시대인들, 즉 유럽인들에게까지도 나타나기 시작했음을 경고하고 있다.

　민주주의의 자유가 가져오는 평등한 자유, 그에 기인한 개인들의 고립과 개인성의 말살이라는 민주주의의 역설이 귀결되는 곳은 '민주주의적 전제정 despotisme démocratique'이다. 토크빌이 '민주주의적 전제정'이라는 개념을 처음으로 사용하는 곳은 《구체제와 프랑스 혁명 L'Ancien Régime et la Révolution》(1856)에서다. 《미국의 민주주의》1권에서 토크빌이 경계했던 것은 민주주의 사회에서 일어날 수 있는 '다수의 폭정 tyrannie de la majorité'이었다.

　　미국에서 다수의 전능은 입법자의 전제주의를 가능케 하고 또한 관리들의 임의 권한을 가능케 한다. 다수는 법률을 만들고 감독하는 절대적인 권력을 지니며, 통치자와 피통치자에 통제권을 행사할 수 있고 공무원을 수동적인 자신들의 대행자로 간주한다.

그렇다면 왜 1권의 '다수의 폭정'이라는 개념이 2권과《구체제와 프랑스 혁명》에서는 '민주주의적 전제정'이라는 개념으로 변화했을까? 앞에서 지적했듯이, 이는 토크빌의 연구 대상이 변화한 것과 맞물려 있다. 1권에서 미국의 민주주의에 대해 집중적으로 관심을 드러냈다면, 2권과《구체제와 프랑스 혁명》에서는 혁명을 거치면서 진행된 프랑스의 민주주의까지 동시에 분석하고 있다.

미국이 다수의 이름으로 민주주의 권력을 행사하고 있다면, 프랑스에서는 절대왕정, 자코뱅 통치, 나아가 루이 나폴레옹의 통치가 보여주듯이 다수라는 잠재적 내지는 수동적 기반에 근거한 강력한 국가 권력에 의해 민주주의의 권력 행사가 이루어진다는 점을 토크빌이 간파한 것이다. 따라서 다수의 폭정보다는 "절대적이며 세심하며 절도가 있고 신중하고 유순한" 민주주의적 전제정이 보다 부각되고 있는 것이다.

민주주의적 전제정에서는 "국민의 동의 없이 국민의 이름으로 모든 권한을 행사할 수 있는 유일한 수권자가 전체 국민 위에 군림"하게 된다. "자기 자신에만 집착하는" 민주주의 사회의 개인들에게 민주주의적 전제군주는 "물질적 향유를 만족시켜주고 그들의 운명을 지켜주는 거대하고 보호자적인 권력"으로 등장하게 된다. 민주주의적 전제정의 출현은 민주주의 시대에 개인들이 교육과 자유라는 습속에 적응하지 못한 상황에서 물질적 쾌락의 욕구가 먼저 성장했기 때문이었다. 이 물질적 쾌락에 대한 강한 욕구는 각자의 사적인 재산과 공공의 번영과의 관계를 인식하지 못한 결과다. 이러한 사회의 국민은 "자신이 추구한 물질적 행복의 노예이며, 그들은 단지 자기를 구속할 사람만을 기다릴 뿐"이다. 따라서 쾌락에 대한 욕망은 그들에게 나타나는 첫 번째 주인에게 복종하게 한다.

토크빌은 《구체제와 프랑스 혁명》 3부 3장에서 민주주의적 전제정이라는 개념을 이끌어내기 위해 18세기 중농주의자들physiocrates을 인용하고 있다. 중농주의 정치경제학의 기본 이념은 '자연법에 순응하는 정부의 통치'로, 시장이라는 경제학 개념에 의존하기보다는 자연법에 종속된다. 따라서 정부는 시민사회의 영역을 자연법에 순응하도록 지키기 위해 강력한 통치만을 행사하는 임무를 가지며 어떠한 개입도 필요로 하지 않는다. 토크빌이 《구체제와 프랑스 혁명》을 쓸 당시인 1850년대는 루이 나폴레옹이라는 민주주의적 전제군주가 통치하던 시대로, 루이 나폴레옹은 이러한 중농주의의 전통을 통치 이데올로기로 삼아 의존하고 있었으며 당시 경제학자들의 경제자유주의에도 이런 경향이 그대로 나타난다. 마르크스는 1848년 2월 혁명이 이루어낸 남성만의 보통선거권은 루이 나폴레옹이라는 "우스꽝스러운 보통 사람도 영웅으로 행세할 수 있는 환경"을 만들어내는 데 그치고 말았다고 희화적으로 표현하기도 했다. 마르크스가 보기에 우스꽝스러운 보통 사람이었던 루이 나폴레옹은 비록 농민들의 지지를 얻어 대통령이 되었고 제2의 산업 혁명이라고 할 자본주의적 발전을 이루어내는 데 중요한 역할을 수행했다. 당시 보통선거권만으로 한정된 정치적 권리는 인민투표를 통해 지속적으로 루이 나폴레옹의 정당성을 확보해주는 역할을 한다. 반면에 루이 나폴레옹의 제2제정은 경제적으로는 최대한의 자유를 보장하면서 국민들에게 물질적 풍요를 제공했다. 토크빌의 눈에는 1852년 쿠데타를 일으켜 '나폴레옹 3세'의 자리까지 오른 그의 통치야말로 자신이 가장 우려했던 민주주의적 전제정의 모습 그대로였던 것이다.

민주주의에 대한 자유주의적 처방

전제정이 출현할 수 있는 특징으로 토크빌은 "평등하고 유사한 수많은 인간들이 사소한 쾌락을 확보하기 위해 끊임없이 노력하는" 상황을 든다. 이러한 상황은 조건의 평등이라는 민주주의가 만들어낸 것이다. 그리고 무엇보다도 자유롭지 못한 민주주의 사회의 특징이다. 토크빌은 그 특징을 다음과 같이 묘사한다.

> 자유롭지 못한 민주주의 사회는 동질화된 대중의 무게에 의해 부유하고 고상할 수 있으며 심지어 화려하고 장중할 수도 있다. 이곳에서 우리는 선량한 가장, 정직한 상인, 존경받는 지주와 같은 사적인 덕성을 발견할 수 있다. …… 그러나 감히 말하건대, 이러한 동질화된 사회에서는 위대한 시민들, 특히 위대한 인민을 찾아볼 수 없다. 나는 이러한 사회에서 평등과 전제정이 하나로 결합되면 심성과 정신의 일반적 수준이 끊임없이 저하될 것이라고 주저 없이 확언할 수 있다.

민주주의가 가져다주는 평등에 의해 사적인 부문에서 덕성을 갖추고 자유롭다 하더라도, 공적인 덕성이 부재한 상황이라면 그것은 결국 전제주의나 다름없는 것이다. 자유가 없는, 자유에 의해 통제되지 않는 민주주의는 노예 상태에 불과하다.

민주주의가 조건의 평등화를 통해 사회 구성원들에게 물질적 복지를 가져다주고, 인민주권에 의해 형성되는 정치체를 구성한 다 하더라도, 민주주의적 열정이 물질적 만족에 한정됐을 때는 언제나 민주주의적 전제정으로 귀결되었고, 이는 곧 새로운 노예 상태나 마찬가지였다.

토크빌은 이러한 민주주의의 딜레마를 해결할 수 있는 열쇠를 자유에서 찾았다.

> 자유만이 이러한 종류의 사회 속에서 개인들을 옥죄고 있는 악 덕들을 효과적이고도 자연스럽게 물리칠 수 있다. 자유만이 시 민들을 고립 상태에서 끄집어내어 접촉하도록 이끌어주며, 공 통의 관심사를 실행에 옮기는 데 서로 이해하고 설득해야 함을 그들에게 일깨워준다. 자유만이 금전에 대한 숭배와 잡다한 개 인사에서 시민을 구해낼 수 있으며 그들의 상위에 그리고 그들 의 곁에 조국이 있다는 사실을 깨닫게 해줄 수 있다.

자유가 부재한 상태에서 '야성적 본능'에 맡겨졌을 경우 민주 주의는 전제정으로 귀결될 수밖에 없다. 자유만이 고립된 개인 을 공동체의 구성원으로 인식하게 하고, 그럼으로써 민주주의가 국가의 제도와 국민의 습속 속에 안착하여 통치에 적합해질 수 있는 것이다. 민주주의라는 역사적 필연이 교화되어 구성원들의 습속에 스며들고 또한 민주주의 사회에 적합한 민주주의적 정부를 구성할 수 있도록 하는 것이 토크빌에게는 '새로운 정치학'의 임무였던 것이다.

토크빌은 민주주의에 민주주의적 통치 능력을 부여하고자 했다. 이를 위해 필요했던 것이 자유였고, 이는 더 나아가 '정치적 자유'로 특화된다. 정치적 자유는 고립된 개인들을 연결시킴으로써 그들에게 공동체 의식을 부과한다.

> 평등이 만들어낸 악덕들과 싸우기 위해서는 한 가지 치유책밖에 없다. 그것은 정치적 자유다.

토크빌은 이상적인 민주주의를 법률적 평등과 정치적 자유의 상호성에 의해 정의하면서 실제 역사적으로 민주주의가 타락한 두 가지 형태를 분석했는데, 이를 살펴보면 그가 정치적 자유를 얼마나 강조하고 있는지 알 수 있다.

우선 민주주의가 타락한 첫 번째 형태는 시민의 평등이 지배하는 체제로서 정치적 평등이 표현되지 않는 상태다. 즉 정부에 참여할 수 있는 권리가 부재한 상태다. 이 상황에서 모두의 권리는 사회 진보의 물질적 향유만을 추구하는 것이다. 바로 이것이 미국에서 조금씩 나타나는 탈정치화 현상이다. 다른 하나는 정치적 평등은 가능하나 정치적 자유가 부재한 상태다. 이는 프랑스를 위협하는 상황으로서 1851년 루이 나폴레옹의 황제 즉위라는 쿠테타로 드러난다. 보통선거권의 성립으로 모든 국민이 동일한 선거권을 확보하긴 했지만 그 이외의 어떠한 정치적 자유도 보장되지 못한 상황인 것이다.

시민들에게 공적인 것에 관심을 갖게 하고 사회·정치적 공간을 메마르지 않게 하며 공동의 업무를 국가가 포기하지 않게 하는 것이, 사회적 선을 보존하기 위해 고민했던 토크빌의 정치 개념이다. 토크빌은 정치에 대한 강조, 좀 더 구체적으로 정치적 자유의 필요성에 대한 역설 속에서 민주주의가 가져다주는 악덕을 교정할 방안들을 제시한다.

코뮌과 정치적 결사체의 역할

토크빌은 미국의 민주주의를 관찰하면서 미국에서 민주주의가 가져오는 병폐를 막는 수단도 함께 발견했다.《미국의 민주주의》1권 2부 8장에서 토크빌은 '다수의 폭정을 완화시키는 것'에 대해 이야기하면서 우선 행정의 탈중앙집권화를 들고 있다. 중앙에서 다수가 지배하고 있다 하더라도 지방분권의 발달에 따라 지방에서의 주도권이 확장되면 자유의 공간이 만들어진다는 것이다. 프랑스처럼 국가가 코뮌° commune 에 부과한 정치적 삶이 아니라, 미국처럼 아래로부터 시작된, 즉 코뮌에서 시작해 국가에 이르는 정치

➕ 코뮌

코뮌은 원래 12~14세기 중세 프랑스를 중심으로 형성된 주민자치체를 일컫는다. 당시에는 영주 및 왕의 인정을 받아 이뤄졌지만, 그 부분을 제외한 '자치시회(自治市會)'의 개념으로서의 코뮌은 그 이후에도 존속되었다. 단, 1871년의 '파리코뮌'은 그해 3~5월 사이 파리 시민과 노동자들의 봉기에 의해서 수립된 혁명적 자치정부를 가리키는 고유명사적인 성격을 갖는다.

적 존재 양식을 발견한 것이다. 또 다른 하나는 미국에서 발달된 법률정신이다. 미국 사법 제도의 장점 중의 하나는 배심원 제도이며, 이것은 시민들에게 책임감을 교육시키고 '정치적 덕목'을 가르침으로써 개인들의 이기주의를 극복시킨다. 또한 토크빌은 미국에서 민주공화국을 유지시키는 주요한 요인 중에 하나로 종교의 영향을 든다. 비록 종교가 정치에 직접적으로 개입하지 않는다 하더라도 자유를 이용할 수 있는 습속들을 형성시킨다는 것이다. 미국에서 기독교는 그 교리에 기반하여 활동하기보다는 사회의 윤리 제공자로서 역할을 하고 있다고 보았다. 기독교는 개인주의 성향과 정반대되는 본능, 즉 공적 심성 혹은 애국심을 불러일으키는 역할을 하고 있다. 이러한 미국의 민주주의 제도와 습속들은 미국인들로 하여금 사회의 통치에 관여하고 그에 대해 말하는 것을 가장 큰 관심사로 만들었고, 유일한 즐거움으로 만들었던 것이다. 이는 가장 하찮은 생활 습관 속에서조차 발견된다. 따라서 '자유가 형성시켜놓은 습관'은 미국에서 다수의 폭정으로부터 민주주의 자체를 지켜내주는 보루인 것이다.

그렇다면 700여 년 이래 민주주의 과정을 겪어온 프랑스는 어떠한가? 프랑스에는 민주주의의 병폐를 막아낼 수 있는 수단이 존재하는가? 토크빌은 이러한 질문에 회의적으로 답한다. 프랑스의 역사를 구체적으로 다룬《구체제와 프랑스 혁명》에서 그는 프랑스 역사에 전통적으로 뿌리 깊게 자리잡은 중앙집권화 과정을 분석한다. 중앙집권화는 프랑스 혁명의 산물이 아니라 구체제의 산물로, 혁명 이후에도 존속한 유일한 구체제의 정치 제도라는 것이다. 구체제 속에서 중앙 권력은 "모든 중간 매개 권력을 제거해버렸으며 따라서 중앙 권력과 개인들 사이에는 거대한 텅 빈 공간만이 남아 있었다. 중앙 권력은 사회적 기제의 유일한 원동력이었고, 공공생활에서도 필요한 유일한 행위자로 등장하게 된다.” 프랑스에서는 자유의 도움을 받아 평등이 실현되었지만, 그에 비례해서 자유의 성취 자체를 더욱 어렵게 했던 것이다. 즉 프랑스의 경우 “인민이 귀족의 권위로부터 벗어나고 모든 왕권에 대항해 싸운 시점에서, 독립을 획득하는 동시에 독립을 잃어버리는 방법을 세상에 가르치면서 어떻게 자기 자신 속에 전제정을 조직했는가를 보여준다”는 것이다. 프랑스는 비록 혁명을 통해 절대왕정을 무너뜨렸지만, 동시에 중앙집권화라는 거대한 권력에 의존함으로써 민주주의적 평등화가 만들어내는 전제주의로 귀결된 것이다.

이에 비해 미국은 연방정부와 주정부, 코뮌으로 구성된 지방분권적 정치 구조를 통해 권력이 중앙으로 집중되는 현상을 막고 있다. 특히 자유로운 인민의 힘이 위치하는 곳은 바로 가장 기초적인 단위인 코뮌이다. 토크빌은 이러한 “코뮌 제도와 자유는 초등학교와 학문과 같은 관계를 만들고” 있으며 “인민들의 손에 자유를 가져다주고, 그 자유를 어떻게 사용하고 어떻게 누리는가를 가르쳐준다”고 말했다. 중앙집권화된 행정 구조를 지닌 프랑스와는 대조적으로 미국은 지방분권 체계를 통해 정치적 자유를 보장하고 중앙 권력이 전제화되는 것을 방지하는 것이다.

토크빌은 봉건체제에서 새로운 형태의 귀족정으로 전환한 영국의 예를 높이 평가했지만 《미국의 민주주의》에서는 더 이상 이러한 향수에 젖지 않는다. 그는 시민적·정치적 결사체에 의해 표현된 민주주의의 자유 속에서 귀족적 자유와 동일한 것을 발견한다.

> 민주주의적 인민들에게 조건의 평등이 사라지게 한 특수한 힘
> 을 제공한 장소가 '결사체'들이다.

이러한 결사체에 대한 토크빌의 찬미는 몽테스키외의 견해에 근거한다고 볼 수 있다. 몽테스키외는《법의 정신》11권 6장〈영국 헌법에 관하여〉에서 영국 헌법이 귀족 계급을 보존시키고 그들을 완화 권력으로 여기고 있음을 찬미한다. 토크빌은 루소에 대항해 몽테스키외를 부활시킨 것이다.

결사체는 진정한 매개 권력으로서 정치적 자유를 위해 수행하는 투쟁을 결집한다. 결사체들은 원자화된 시민들의 허약함을 치료하면서, 개인주의에 대한 해독제 역할을 한다. 결사체는 공적인 삶을 교육시키고, 사적인 이익과 공적인 이익을 결합시키는 기회를 제공한다. 토크빌은 새로운 정치학을 '결사체의 과학'이라고 부른다.

> 민주주의 국가에서 결사체의 과학은 모태의 과학이다. 다른 모
> 든 과학의 진보는 이 결사체 과학의 진보에 의존한다.

정치적 자유의 열쇠는 바로 결사체 정신에 근거하는 것이다. 그러나 토크빌의 결사체 강조를 그의 보수주의적 특성으로 파악하는 경향도 존재한다. 또한 동시대를 산 영국인 밀 ^{John Stuart Mill,}

1806~1873은 사회 집단의 영향력을 오히려 '다수의 폭정'의 한 예로 간주한다. 토크빌이 전통과 관습에 근거하면서 사회적 응집력을 제공할 수 있는 것으로 간주한 사회적 집단이 밀에게는 오히려 자유와 개인성을 방해하는 장애물로 비친 것이다. 그러나 토크빌과 밀의 견해 차이는 두 나라의 차이에서 기인한다. 영국의 경우 개인의 자유는 국가 권력에 대한 지속적인 제한을 통해 이루어져왔고, 그것이 오히려 상대적인 사회 집단의 강화로 나타나고 있다는 점이 밀에게는 장애로 여겨진 것이다. 반면에 국가 권력을 통해 평등화의 과정을 거치고 있는 프랑스에서 개인의 권리 확대는 오히려 국가를 통해서 이루어지고 있었고, 그러한 국가 권력을 제한할 중간 집단의 필요성이 절대적이었다.

프랑스 역사에서 결사체에 대한 금지는 프랑스 혁명과 동시에 이루어진다. 봉건적 굴레를 제거하려는 혁명적인 조치였으나, 19세기에도 결사체 금지령은 지속적으로 유지된다. 토크빌과 동일한 문제의식 속에서 결사체의 필요성을 강조한 이는 19세기 말의 뒤르켐Émile Durkheim, 1858~1917이다. 프랑스 자유주의자들이 지속적으로 강조한 중간 매개 집단의 필요성은 강한 국가 권력이 존재하는 프랑스 역사에서 나타난 특징이다.

토크빌이 중간 매개 집단을 강조한 것은 분명 정치의 활성화라는 목적에서 출발한 것이었다. 하지만 동시에 그것이 갖는 엘리트주의적 성격을 부정할 수는 없다. 즉 밀이 최상의 시민들에게 복수 투표권을 주면서 해결하려 했다면, 토크빌의 경우 보통 선거의 체계를 유지하면서 유사한 엘리트주의적 해결책을 제시한다. 그것은 물질적 독립성을 유지하는 능력 있는 시민들의 시각에 의해 공론이 교정되고 제한되기를 바라는 것이다. 즉, 다양하고 위계질서화된 다원주의가 사회적 균형을 가져올 수 있다는 것이다. 엘리트들에게만 정치적 권리를 부여함으로써 발생할 수 있는 정치적 부동성(기조 시대에 '이성의 주권론'이 만든 상황)과 다수의 전제(1848년 혁명 이후 상황) 사이에서, 토크빌은 정치적 심사숙고의 원칙을 강화하기 위해 보다 현명한 시민들의 활발한 정치 참여와 개입을 강조했다.

만남 6

몽테스키외와 토크빌,
그리고 우리

18세기의 몽테스키외, 19세기의 토크빌, 그리고 21세기의 우리, 결코 짧지 않은 시간의 간격이 놓여 있다. 앞에서는 몽테스키외와 토크빌의 문제의식 그리고 집필 의도 등을 중심으로 그들의 사상을 파악해보았다. 이제 이들을 연결하는 것이 무엇인지 찾아야 한다. 단순히 지적인 계보를 찾고자 하는 지적 유희의 문제가 아니라 정치학의 문제 설정과 관련된다. 정치학은 이미 플라톤 이래 공동체에 대한 관심에서 출발했고, 더 나은 공동체, 가장 바람직한 공동체를 찾으려는 의도 속에서 출발했다. 하지만 그러한 문제들은 여기에서 오히려 부차적이다. 바람직한 공동체보다는 현재의 우리 문제를 사고하고 그 해결을 위한 실마리를 찾아내는 과정에서 몽테스키외와 토크빌의 책들을 보고자 했다. 그들이 자신들의 저서에서 전개한 사고들은 근대정치의 형성기에 근대가 갖는 문제들이 어떻게 제기되고 어떻게 절합^{articulation}되는가를 잘 보여주고 있다는 점에서 탐구 대상이 되어왔다. 따

라서 그들의 문제의식을 읽어냄으로써 근대정치 이래 결코 해결
되지 않고 오히려 악화되고 있는 정치 문제들에 대한 해결의 실
마리를 찾을 수 있을 것이다.

먼저 몽테스키외와 토크빌 사이에 어떠한 관계들이 있는가를
보기로 하자.

왜 토크빌을 '19세기의 몽테스키외'라고 부르는가?

《미국의 민주주의》가 출간되고 대대적인 반응을 얻은 뒤 토크빌
은 '19세기의 몽테스키외'로 불렸다. 둘 다 귀족이었고, 법률가
였다는 외형상의 이유만이 아님은 물론이다. 우선 토크빌의 문
제의 책《미국의 민주주의》와 몽테스키외의《법의 정신》을 비교
하면서 둘의 유사성을 찾아보도록 하자.

《미국의 민주주의》에서 가장 중요한 개념인 '민주주의'를 토크
빌이 이해한 방식은 다분히 몽테스키외적이라고 할 수 있다. 민
주주의에 대한 이런 이해 방식은 기존의 것과는 크게 다르다는
사실은 앞에서 지적했다. 프랑스 혁명 이래 프랑스에서 민주주
의는 그리스 아테네에서 이루어졌던 직접민주주의를 의미했다.
따라서 인민들의 직접적인 정치 참여와 정치적 과정들에 대한
통제, 그리고 그에 따른 인민주권의 실현을 민주주의로 이해하
고 있었고, 그것을 실행에 옮기기까지 했다. 하지만 토크빌이 보
기에 이러한 민주주의의 결과는 공포정치와 혼란, 그리고 혁명
의 반복일 뿐이었다. 물론 민주주의에 대한 토크빌의 시각에서

도 이러한 부분이 있기는 하지만, 이는 오히려 부차적이거나 결과론적인 면에서일 뿐, 전체적으로는 사회학적인 방식을 취한다. 특히 토크빌이 민주주의를 사회적 상태로서 이해하는 것은 몽테스키외의 '국민의 일반정신'이라는 개념에서 차용했다고 볼 수 있다. 그와 동시에 토크빌은 민주주의적 사회 상태와 귀족주의적 사회 상태라는 구분을 통해 개념을 좀 더 세분화했다. 민주주의 자체에 대한 이해에서도 토크빌은 몽테스키외에게 크게 의존하고 있다. 몽테스키외는 《법의 정신》 8권 3장 〈극단적인 평등 정신에 관하여 De l'esprit d'égalité extrême〉에서 규율화된 민주주의와 그렇지 못한 민주주의를 구분하고 있다. 토크빌이 보기에는 몽테스키외가 고대 민주주의의 타락한 형태로 본 극단적인 평등 정신이 미국의 민주주의 원칙으로 작동하고 있었다. 하지만 미국에는 그와 동시에 그 극단적인 평등 정신을 제어하고 있는 자유가 있었다. 그것이 미국에서 민주주의가 작동하고 있는 근거인 것이다.

이렇게 개념의 이해와 유사성 및 방법론에서 사회학적인 방식을 택했다는 것 외에 토크빌과 몽테스키외의 유사성을 또 어디에서 찾을 수 있을까? 아마도 그들이 추구한 사회과학자로서의 서술 목적에서 찾을 수 있을 듯하다.

토크빌이 미국의 민주주의를 서술하려 했던 목적은 무엇이었을까?

프랑스가 미국과 같은 사회와 정부 형태를 따르기를 바랐던 것일까? 토크빌은 이를 단연코 부정한다. 그에게 미국의 민주주의는 유럽 대륙의 국가들이 따라야 할 모델이 결코 아니었다. 만약 그랬다면 우리는 몽테스키외와 토크빌을 거꾸로 읽는 것이나 다름없다. 그들을 잇는 끈은 정치적 입장에서의 유사성뿐만 아니라 정치체제의 문제를 이해하는 데 그 사회가 처한 상황을 우선시했다는 점이다. 앞에서 언급했듯이 몽테스키외가 이전의 사회계약론자들이 그랬듯이 자연 상태의 자유롭고 평등한 개인에 근거해 바람직한 정치 사회의 모습을 그린 것이 아니라, 그 사회가 처한 자연 조건뿐만 아니라 사회적 습속을 고려한 정치체제를 찾으려 했다는 점이 방법론상에서 혁명적인 것이었다. 토크빌 역시 민주주의를 이해하는 데 사회 상태로서 이해하고 있었고, 또한 거기에 적합한 민주주의 정부를 찾으려 했다. 즉 구체적인 사회에 구체적인 정부 모습을 고려했다.

몽테스키외가 영국의 헌법에 상당한 호의를 가졌던 것은 사실이나 그도 결국 프랑스의 군주정이 필요로 하고 택할 수 있는 온건한 군주정의 모습을 찾으려 했다. 토크빌 역시 미국의 민주주의를 부러워했지만, 모국 프랑스가 택할 수 있는 가능한 길을 모색하려 했다.

마지막으로 몽테스키외와 토크빌의 유사성은 정치에 대한 생각에서 찾을 수 있다. 몽테스키외가 공화정을 선호하면서도 동시에 자유주의의 문제의식을 수용했던 것과 마찬가지로 토크빌 역시 자유주의자이지만 동시에 공동체의 정치적 참여에 대한 강한 신념을 가지고 있었다.

이처럼 이 둘은 '자유주의적 공화주의자'로 분류할 수 있을 것이다. '자유주의적 공화주의'라는 개념은 그렇게 쉽게 만들어질 수 있는 개념은 아니다. 영국에서 발생한 홉스, 로크의 자유주의는 기본적으로 개인의 자유라는 목표를 위해 국가 권력에게 최소한의 권리만을 양도해 정당성을 부여했다. 사적 영역을 확장하기 위해 공적 영역으로 간주되는 부분, 우선적으로는 국가 권력의 영역을 제한하려는 운동과 이념으로서 형성된 것이다. 이 책에서 본 몽테스키외나 토크빌은 분명 개인의 자유를 옹호한 자유주의자들이다.

몽테스키외는 절대주의 왕정으로부터, 토크빌은 프랑스 혁명 이후 출현한 근대적 국가 권력으로부터 개인의 자유를 옹호하기 위해 노력했다. 하지만 그들의 프랑스는 독특한 상황 속에 놓여 있었다. 영국의 자유주의와 달리 프랑스의 국가 권력은 항상 절대적인 영향력을 가지고 있었다. 그래서인지 오히려 두 프랑스인은 국가 권력을 밀어내기보다는 자기편으로 만드는 것이 더 쉽고 나을 것이라고 판단한 듯하다. 즉 국가 권력을 개인의 자유를 보장해줄 강력한 보호막으로 만드는 방법을 생각했고, 그것은 국가를 공화주의적으로 만드는 것이었다. 몽테스키외는 프랑스 군주정이 비록 외양은 '군주정'의 모습이라 하더라도 그 내용은 공화주의적이기를 바랐고, 토크빌은 프랑스가 시민들의 적극적인 정치를 통해 공화주의적이기를 바랐던 것이다(물론 토크빌은 '공화주의적'이라는 명칭을 사용하지는 않았고, '민주주의적'이라고 표현하는 것이 더 타당할 수 있다).

그러한 의미에서 본다면 루소의 일반의지에 대한 사고는 전형적인 프랑스적 사고라고 할 수 있을 것이다. 프랑스인 대부분이 루소의 일반의지 개념에 대해 실질적으로 동의하지는 않더라도 막연하게나마 그 의미를 이해하는 듯하다. 무엇보다도 국가가 일반의지의 실현체라는 것, 따라서 국민 모두의 이익을 위해 움직인다는 생각을 갖는 듯하다. 그렇기에 프랑스는 공화주의적 사고를 일정하게 공유하고 있는지도 모른다.

몽테스키외, 토크빌 그리고 우리 시대의 민주주의

다음은 이제 우리의 문제까지 이끌어내보자. 우리 시대에 민주주의는 당위적인 차원에서 이해되는 경우가 많다. 민주주의는 우리 사회에서 당연하게 이루어야 할 가치로 간주되어왔고, 그러한 이해에 바탕을 두고 한국 정치사가 형성되어왔다. 한국의 역사, 특히 일제로부터의 해방 이후 한국 정치사의 발전은 민주주의를 이루기 위한 역사적 과정, 즉 민주주의를 위한 투쟁과 그 우여곡절의 역사였다고 해도 과언이 아니다.

지금은 자연스럽고 당연한 것들이 과거에는 철저하게 거부되어온 것들일 경우가 많다. 우리는 1인 1표에 근거해 선거일에 투표를 하지만, 최소한 남녀를 막론하고 19세(혹은 18세 혹은 20세) 이상이면 투표를 할 수 있는 권리를 얻게 된 것은 불과 몇십 년 전의 일이다. 특히 우리나라의 경우에는 해방과 함께 미군이 주둔함으로써 그냥 저절로 얻어진 권리라는 성격이 강했다. 사실 해방 후 제헌의회의 논쟁에서 모든 성인 남녀에게 투표권을 주는 것에 대해서도 말이 많았다. 결국 미국의 압력으로 인정되긴 했지만, 헌법을 준비했던 많은 제헌의원들은 그에 대해 반대 입장을 표명했다. 정치적 권리를 행사할 만큼 한국인의 의식이 성숙하지 못했고, 문자해독률도 아주 낮은 수준이기 때문에 시기 상조라고 주장한 것이다. 일반 대중에 대한 이러한 불신은 민주주의가 발전하는 데 주요한 걸림돌이 되었다.

민주주의라는 말이 탄생한 그리스 시대에는 민주주의가 정치 자체라는 인식과 함께 발달했다. 즉 도시 공동체의 공공업무에 직접적으로 참여하는 시민의 역할을 당연하게 생각했다. 물론 이 시기 역시 여성이나 외국인 노예 등은 정치에서 배제되었다. 플라톤은 아테네 민주주의가 타락한 결과 자신의 스승 소크라테스를 독살하는 결과를 가져왔다고 생각했다. 정치는 진리를 인식할 수 있는 철인philosopher에 의해 이루어져야지 본분에 어긋난 일반 대중의 몫이 아니라고 주장했다. 어쨌든 고대 그리스 이래로 정치 참여에 대한 인민의 욕구와 그것을 제어하려는 엘리트들 간의 대립과 투쟁, 양보와 타협은 인류 역사에서 얼마든지 그 예를 찾아볼 수 있다. 그리고 그 긴장은 결코 해소되지도 않을 것이다.

자유주의자 몽테스키외는 인민에게는 직접적인 정치 행위를 할 능력이 없다고 주장했다. 다만 자신의 대표를 선별할 능력은 가지고 있기 때문에 대표자를 통해 정치가 이루어지기를 바랐다. 몽테스키외의 시대적 한계를 인정해야 할 것이다. 중요한 것은 그러한 한계에도 불구하고 그것을 극복할 수 있는 실마리를 가지고 있었느냐의 문제다.

몽테스키외는 공동체의 가치와 시민적 덕성이 필요하다는 공화주의적 문제의식을 충분히 실현하고자 했고, 두 가지의 어려운 조합을 만들어내려 했다. 그의 책과 사상을 오늘날 다시 검토하는 이유는 바로 이 때문이다.

토크빌 역시 이러한 긴장을 이해한 사람이다. 귀족이면서 자유주의자인 토크빌 역시 민주주의라는 역사적 흐름을 거부하지 않고 적절하게 대처할 수 있는 방안을 모색했다.

특히 토크빌은 민주주의가 역사적 필연이면서 그것이 가져다주는 자유의 실현 조건으로서 평등이라는 장점, '민주주의적 전제정'이라는 개념을 통해 드러나듯 자기 부정의 요소를 동시에 지닌다는 점을 파악했다.

그는 "민주주의 자체가 자기 스스로의 총체적인 부정의 요소를 담지하고 있다"고 파악하면서 동시에 민주주의 내에서 그 병폐를 치유할 수 있는 방책을 찾으려 했다. 즉 민주주의 사회에서 정치적 자유에 대한 개념이 보편적으로 확산되고 그것이 민주주의 사회가 가져올 수 있는 폐해를 방지할 수 있는 보편적인 무기로서 작동될 수 있다고 보았던 것이다.

토크빌이 정치적 자유의 필요성을 주장한 것은 분명 자유주의자의 입장에서 제기한 것이지만, 그는 그 실현의 조건을 민주주의에서 찾은 것이다. 정치적인 것의 중요성에 대한 강조, 개인주의의 극복을 위한 공론장과 결사체의 강조, 그리고 무엇보다도 투쟁과 대립까지 민주주의 사회의 내부적 통합의 요소로서 인식함으로써 단일적 사회에 대한 거부를 분명히 한 것 등은 토크빌 사상의 핵심이며, 현재의 우리에게 민주주의의 위기 극복을 위한 실마리들을 제공하는 것이다.

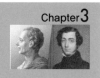

Montesquieu

Chapter 3

대화

T A L K I N G

Tocqueville

대화

민주주의의 내용 채우기

지난 2003년 전라북도 부안에 방사능 폐기장을 설치한다는 정부의 결정에 대해 부안군민들이 촛불 시위 등 전면적인 반대 운동을 벌임으로써 결국 정부의 안은 철회되고 새로운 대안을 찾아나서게 되었다. 이와 유사한 예들은 무수히 많다. 화장장 설치나 쓰레기 소각장 건립 등의 정책이 지역민의 반대로 표류하고 있는 예는 주위에서 쉽게 찾아볼 수 있다. 이런 현상을 가리켜 '님비(NIMBY, Not In My Back Yard: 내 뒷마당에는 안 된다라는 이기주의적 태도)' 현상이라고 부른다. 공공의 이익을 위해 필요하지만 그것이 자신의 이익에 해가 될 때는 용인할 수 없다는 논리다.

　이와 다른 경우에 해당하지만 공공의 이익과 개인의 이익이 충돌하면서 발생하는 예들을 볼 수 있다. 가장 대표적인 게 집값 안정 문제다. 정부는 계속해서 부동산 대책을 발표하고 있지만, 아파트 값은 쉽게 잡히지 않고 있다. 정부가 발표한 대책 중의 하나는 재건축 아파트와 관련하여 재건축 기준의 강화 그리고 개발 이익 환수 등이 있다. 당사자들은 이러한 대책이 헌법에 보장된 재산권을 침해한다고 반발하고 있다. 이에 대해 정부는 공공의 이익이라는 기준에 비추어볼 때 이러한 규제 조치는 정당하다고 주장한다.

이 글에서 다루었던 몽테스키외와 토크빌을 비롯해 그들과 대비되는 루소, 로베스피에르, 콩스탕에게서 이 문제에 대한 의견을 들어보는 것은 어떨까? 그런 취지에서 이들을 모두 초대한 가상 좌담회를 마련해보았다. 그리고 이 글에서는 등장하지 않지만 공상적 사회주의자의 측면과 극단적인 경제적 자유주의자라는 측면을 동시에 지녔던 19세기 초 프랑스 지식인 생시몽^{Comte de Saint-Simon, 1760~1825}도 초청해보았다. 논의는 생시몽부터 시작한다. 그 이유는 다른 등장인물들 모두가 가장 경계해야 할 사상가로 생시몽을 지목했기 때문이다.

|사회자| 간단히 생시몽 선생에 대한 소개를 해야 할 것 같습니다. 선생이 공상적 사회주의자이자 동시에 경제적 자유주의자로 간주되는 것은 선생의 독특한 사고 때문일 것입니다. 즉 선생은 유토피아 사회를 '사물들의 행정만이 존재하는 곳'이라고 말하면서 그 사회는 '산업가'라는 전문가들이 통치하는 사회가 될 것이라고 말했습니다. 마르크스도 공산주의 사회를 국가가 소멸된 사회로 보면서 선생이 말한 사회와 유사한 모습으로 그리기도 했습니다. 또 19세기 프랑스의 경제 자유주의자들 역시 전문가들과 더불어 강력한 국가 권력에 의해 시장경제 질서가 잘 유지되는 사회가 이상적이라고 생각해 실행하도록 만들었습니다. 그

렇게 본다면 최근 신자유주의가 지배하는 사회의 모습은 선생이 그린 모습처럼 되어가고 있는 것은 아닌지 하는 생각이 듭니다. 어떻게 생각하시는지요?

|생시몽| 사회주의자들보다는 경제적 자유주의자들이 오히려 저의 뜻을 더 잘 간파했다고 볼 수 있습니다. 최근 한국 사회는 어떤 분야에서건 CEO형 인간을 찾고 있는 듯합니다. 경제는 물론 이거니와 정치, 행정, 학문, 문화, 예술 등 그렇지 않은 분야가 없다고 할 정도입니다. 이것이 제가 이미 말한 '산업가'들이 통치하는 사회라고 할 수 있다면 그곳에서 정치는 사라지고, 말 그대로 사물들의 행정만이 남는 사회가 될 것입니다. 물론 저는 그러한 사회에서는 어떠한 갈등도 존재하지 않을 것이라고 가정했습니다. 그러한 의미에서 그곳은 유토피아일 것입니다. 프랑스에서는 저에게서 영향을 받은 경제적 자유주의자들이 1860년대 나폴레옹 3세라는 강력한 국가 권력에 기대어 경제적 자유를 보장받으면서 시장에 의한 자연적 질서를 추구하려 했습니다. 이것은 토크빌 선생이 말하는 민주주의적 전제정일 수도 있지만, 동시에 그들은 정치 권력에 의해 갈등이 사라지고 경제적 질서가 확립되는 사회를 원했던 것일 수도 있습니다. 그들은 불필요한 갈등과 정치 활동이 오히려 경제 발전을 저해한다고 생각한 것 같습니다. 따라서 님비 현상 같은 것은 정치 권력이 강하지 못하기 때문에 나오는 것이고, 전문가들이 능력을 발휘할 기회를 갖지 못하기 때문에 나오는 것입니다. 전문가들이 판단한 정확한 지식과 그것을 추진할 수 있는 강력한 권력이 있다면 그러

한 현상은 발생하지 않을 것입니다.

|토크빌| 저는 그렇게 생각하지 않습니다. 생시몽 선생의 제안은 갈등을 해결하는 것이 아니라, 덮어두는 것일 뿐입니다. 우리는 사회에 당연히 갈등이 존재한다는 생각과 그것을 조정할 정치가 필요하다는 인식을 가져야 합니다. 님비 현상이 발생하는 것은 제가 이미 지적했던 민주주의 시대의 전형적인 현상들이라 할 수 있을 것입니다. 제가 조건의 평등으로 정의했던 민주주의 시대의 가장 일반적인 특징 중의 하나가 '개인주의의 심화' 그리고 그에 따른 공적 덕성의 약화 현상입니다. 따라서 앞에서 지적한 현상들이 발생하는 것은 그러한 특징을 전형적으로 반영하고 있는 것이라고 할 것입니다. 민주주의 시대의 사람들이 자기 혹은 자기 가족의 이익만을 생각하면서 공적인 이익을 고려하지 않았기 때문에 발생한 현상인 것입니다.

|사회자| 그렇다면 토크빌 선생은 이러한 문제들을 해결할 수 있는 방안이 무엇이라고 생각하십니까?

➕ **타운십 제도**
미국과 캐나다에서 이주시대에 시행한 공유 토지의 분할 제도. 넓은 지역을 경위선을 따라서, 기본적으로는 6평방마일(약 15.5평방킬로미터)을 단위로 해서 바둑판 모양으로 토지를 구획하고, 이를 다시 1평방마일로 세분해서 이주자에게는 그 4분의 1씩(65헥타르)을 나누어주었다.

|토크빌| 중요한 것은 민주주의 시대의 개인들에게 공적 덕성을 길러주는 방법을 찾는 것입니다. 제가 제시했던 것은 미국의 민주주의를 보면서 발견했던 지방자치제도 특히

타운십 제도°나 배심원 제도와 같은 것입니다. 최근 한국에서도 형사재판에 한해 배심원 제도를 도입할 것을 고려한다는 이야기를 들었습니다. 지방자치 역시 최근 괄목할 만한 발전을 이루었다고 들었습니다. 이러한 제도들은 시민들이 직접적으로 공적인 것에 관심을 가질 수 있도록 하는 계기로 작용할 것입니다. 그러나 제가 덧붙이고 싶은 말은, 이러한 공식적인 제도들과 더불어 다양한 형태로 존재할 수 있는 개인들의 연결 조직이 필요하다는 것입니다. 이웃과 더불어 공적인 문제들을 같이 토론하면서 공동의 이익이 무엇인지를 알아가는 과정 자체가 개인들에게 공적 덕성을 갖게 해주리라 생각합니다.

|사회자| 토크빌 선생의 견해에 대해 로베스피에르 선생의 의견을 듣고 싶습니다. 무엇보다도 선생은 혁명이 진행되는 동안 시민들에게 덕성을 만들어주고자 하지 않았습니까?

|로베스피에르| 저 역시 개인들이 시민으로 살아가기 위해서는 공적 덕성을 갖추는 것이 전적으로 필요하다고 생각합니다. 하지만 토크빌 선생과 같은 그렇게 안이한 방법으로는 힘들다고 봅니다. 프랑스 혁명 당시 제가 시도했던 노력들이 여러 가지 됩니다. 혁명정부가 직접 조직한 다양한 축제들이 대표적이었습니다. 혁명정부는 1790년 '연맹제'를 시작으로 다양한 시민축제를 거행했습니다. 1793년 8월 10일 새 헌법을 축하하기 위한 '통합과 불가분성의 축제fête de l'Unité et de l'Indivisibilité', 그해 가을 비기독교화 운동과 자유의 순교자를 위한 예배가 결합된 '이성의 축제fête de la

raison', 그리고 이듬해 6월 8일에 열린 '최고 존재의 축제^{fête de l'Être supeeme}' 등이 제가 권력을 잡고 있던 시기에 있었던 축제들입니다. 그 외에도 혁명군대의 툴롱^{Toulon} 탈환을 기념하는 축제라든가 마라^{Jean P. Marat, 1743~1793}, 르플르티에^{Louis-Michel Lepeletier, 1760~1793}, 샬리에^{Joseph Chalier, 1747~1793} 등 혁명가들의 죽음을 애도하는 장례식과 결합해 혁명축제가 진행되는 경우도 있었습니다. 이러한 축제들은 전형적으로 시민들에게 애국심을 불러일으키고 공적 덕성을 함양하는 기능을 수행했습니다. 무엇보다도 이러한 노력들은 혁명정부가 의식적으로 기획했던 것이고, 이러한 의식적인 노력을 통해 공적 심성이 이루어질 수 있다고 봅니다. 그리고 이 노력들과 더불어 공교육 기관을 통한 일상적인 국민교육 역시 필요한 조치들입니다. 제가 말하고자 하는 바는 개인들을 공적인 시민으로 만드는 작업에서 국가의 역할이 중요하다는 의미입니다.

|사회자| 한국에서도 지방자치 단체들이 축제를 조직하고 있는 것을 많이 볼 수 있습니다. 또한 전국적 차원의 축제, 예를 들면 월드컵 같은 것을 볼 수 있습니다. 그에 대해서는 어떻게 생각하시는지 루소 선생의 의견을 듣고 싶습니다.

|루 소| 저도 축제에 대해서는 잠깐 언급한 적이 있습니다. 당시 달랑베르에게 보내는 편지에서였는데, 저는 로베스피에르 선생과는 견해가 좀 다릅니다. 저는 기본적으로 화려한 장식과 스펙터클을 중심으로 하는, 폐쇄적 공간에서 벌어지는 연극적 축제

를 비판했습니다. 제가 생각하기에 이상적인 축제는 확 트인 야외에서 아무런 장식과 시설 없이 단지 꽃으로 장식된 나무 막대 하나만 세워둔 채 인민들이 행복과 기쁨에 겨워 춤을 추고 노래를 부르는 축제, 그러면서 사회적 일체감과 시민정신이 형성되는 축제라고 생각합니다. 따라서 로베스피에르 선생이 말하는 것처럼 국가가 의도적으로 조직하는 축제는 진정한 의미에서 공적인 덕성을 가져올 수 없을 것입니다.

제가 《사회계약론》의 끝 부분에서 이야기한 적이 있는 '시민종교'의 경우도 유사한 맥락입니다. 로마의 시민종교가 그러하듯이 시민종교는 분명 시민적 덕성을 불러일으키는 데 중요한 역할을 합니다. 하지만 제가 지적했듯이 시민종교를 통한 시민적 덕성의 함양은 자발적이어야 하며, 국가가 의도적으로 그것을 만들어낼 수는 없는 것입니다. 그러한 의미에서 제가 말한 시민종교는 신정 정치와는 구별되는, 자유로운 종교로서 시민종교였던 것입니다.

그렇게 본다면 최근 한국에서 보이는 지방자치 단체들의 축제는 다분히 상업적인 성격을 띠고 있습니다. 시민들의 축제가 아니라 지방자치 단체장들이 자신들의 CEO적 성격을 드러내 보이고자 조직하는 축제인 것이지요. 그렇게 보면 그것은 결코 시민들의 축제가 아닙니다.

반면에 지난 2002년 한·일 월드컵의 경우 일정한 부분에서 제가 말한 그러한 자발적이고 자유로운 축제의 의미를 발견할 수 있었습니다. 말 그대로 탁 트인 공간에서 어떠한 형식이나 규율에 얽매이지 않고 시민들이 흥에 겨워 자유로운 몸짓을 했던 것입니다. 하지만 2006년 열린 독일 월드컵의 경우 지난 대회에 비해 지나치게 상업적인 냄새가 났습니다. 응원 조직에서부터 구호, 응원가, 도처에 난무하는 상업적 광고, 협찬사들의 독점적 행위들까지 2002년 월드컵 응원에서 보이던 자발적인 시민들의 몸짓은 더 이상 찾아보기 힘들고 이제는 상업 자본의 힘만이 난무하는 듯했습니다.

그리고 한국팀이 16강에 진출하지 못하자 이후 월드컵은 아무런 의미가 없어져버렸습니다. 또 12번째 월드컵 전사는 없었고, 다만 11명의 월드컵 축구스타만이 있는 듯했습니다.

|사회자| 지금부터는 콩스탕 선생의 의견을 듣고 싶습니다. 프랑스에서는 소수적인 흐름이면서 오히려 영국적인 자유주의적 경향을 가지고 있는 콩스탕 선생의 의견은 지금까지 의견들과는 많이 다를 듯한데요.

|콩스탕| 예, 맞습니다. 저는 지금까지 나온 견해와는 반대 입장에서 서 있는 것 같습니다. 약간의 차별성을 갖긴 하지만 앞에서 말씀하신 세 분의 입장은 동일하게 공적 덕성을 함양할 필요성, 시민으로서의 의무 등에 대해 강조하고 있습니다. 물론 그 방법에서는 차이가 있는 듯합니다. 공적 덕성을 함양하기 위해 국가의 역할을 강조하는 것이 로베스피에르 선생의 입장이라면, 루소 선생의 경우 시민들의 자발성을 믿으면서 국가는 그러한 환경을 제공해주는 정도에 그치기를 기대하는 것 같군요. 반면에 토크빌 선생의 경우에는 개인들의 자발적인 노력을 강조하는 경

향인 듯합니다.

하지만 저는 의도적이든 그렇지 않든 공적인 심성이라는 것이 전제될 필요는 없다고 생각합니다. 제가 루소 선생의 일반의지 개념에 대해서도 비판했듯이, 일반의지 혹은 공적인 것 등의 개념을 개인적·사적인 것과 무관하게 추상적으로 혹은 선험적으로 설정하는 것은 위험한 발상입니다. 로베스피에르 선생이 권력을 잡았을 때를 상기해보십시오. 일반의지에 대한 전제, 그리고 공적인 것에 대한 강조가 가져온 결과는 공포정치였을 뿐입니다.

19세기에 들어서 상업이 발달하고 자본주의가 급속하게 성장하면서 20세기에 발전을 이룬 것은 일반의지나 국가의 힘이 아니라 개인들이 각자 자기의 이익을 추구하는 과정이 만들어낸 결과일 것입니다. 저는 각자 개인들이 자신의 이익을 추구하고 그 과정에서 충돌이 발생했을 때, 서로 조정하고 타협하면 별다른 문제 없이 공적인 것들이 형성되어 공공의 이익이 충분히 실현될 수 있으리라 생각합니다. 지나치게 의도적으로 일반의지 혹은 공공의 이익이라는 개념을 설정하는 것 자체가 문제일 수 있습니다. 각자가 남에게 해를 입히지 않는다는 의식 속에서 자신의 자유를 실현하려 한다면 그것은 결과적으로 공공의 이익에도 부합할 수 있으리라 봅니다.

|사회자| 몽테스키외 선생의 의견은 어떻습니까? 선생이 살았던 시기는 아직 상업의 발달이 미약했던 시기이고, 그렇다고 공동체에 대한 애착이 강했던 시기도 아니지 않았습니까?

|몽테스키외| 물론 그렇습니다. 18세기와 19세기의 큰 차이는 당연히 프랑스 혁명이 만들어놓은 것입니다. 혁명을 통해 프랑스는 국민이라는 새로운 정치 권력의 주체가 등장했고, 그들을 주권자로 하는 국가 즉 국민국가가 확립됐습니다. 따라서 국민들은 자신들의 의지와 권력의 실현체인 국가에 대해 애착, 이른바 애국심 혹은 애국주의라는 이름의 감정을 가지게 되었습니다. 하지만 혁명 이전의 프랑스 역시 공동체에 대한 애착은 강했다고 할 수 있습니다. 저뿐만 아니라 그러한 부분에 대한 지적은 토크빌 선생도 하지 않았나요?

|토크빌| 맞습니다. 오히려 민주주의 이전 시대에 사람들은 공동체에 대해 많은 애착을 가지고 있었습니다. 제가 귀족주의 시대의 자유가 민주주의 시대의 자유보다 더 나은 점으로 지적한 것이 그러한 부분입니다. 비록 귀족주의 시대의 자유가 불평등에 기반해 모두에게 주어지지는 않았지만, 공동체에 대한 애착은 강하게 존재했습니다. 오히려 민주주의 시대에 개인주의적 경향이 강화되면서 그러한 애착이 사라지게 되었다는 점을 제가 지적했던 것입니다.

|몽테스키외| 그렇습니다. 18세기 중반까지만 하더라도 아직까지 고대 이래로 중시되어온 명예에 대한 애착이 강했고, 자신의 이익을 추구하는 행위가 서서히 등장했지만 그러한 행위가 다른 모든 것들을 지배하면서 절대적인 우위를 점하리라고는 생각하지 않았습니다. 그래서 저 역시 상업의 발달이 오히려 사람들의

습속을 순화시키면서 서로 소통할 수 있게 하고 또한 사람들을 더 자유롭게 하리라고 생각했던 것입니다. 19~20세기에 들어서 상업과 자본주의라는 이름의 이윤 추구 활동이 지배적이고, 나아가 사람들의 모든 삶을 지배하는 가치가 되었습니다. 그러다 보니 앞에서 지적한 문제들이 제기되는 것이겠지요.

물론 제가 지나치게 낙관적이었던 것은 사실입니다. 하지만 그렇다고 제가 지적한 사실들이 잘못되었다고 생각하지는 않습니다. 즉 이제 막 경쟁적 가치로 등장한 상업적 이익 추구 활동에 매달리려 하는 개인주의적인 근대적 인간의 모습을 보면서 저는 나름대로 바람직한 인간상을 정립해보고자 했던 것입니다. 그리고 그러한 인간들이 모여 사는 바람직한 공동체, 물론 이것은 이상적인 유토피아 공동체를 말하는 것이 아니라 현실적으로 가능한 바람직한 공동체를 생각하고 제시하고자 했던 것입니다. 모순되어 보이고 충돌할 것처럼 보이는 두 가지 가치, 즉 명예로운 시민으로서 공동체에 기여하는 가치와 상업적 이윤을 추구하는 가치가 공존할 수 있는 길을 찾으려 했던 것이 저의 시도였고, 어렵지만 필요하다고 판단한 것입니다. 하지만 현재 한국의 경우 전자는 사라지고 후자만이 남아 지배하고 있는 듯합니다. 이것은 결국 부메랑 효과를 가져올 것입니다. 상업적 활동을 통해 개인들의 이익을 추구하는 활동 역시 결국에는 민주주의와 공화주의 정치 질서하에서 더 발달하고 번영할 수 있습니다. 그리고 이러한 정치 질서는 시민들의 적극적인 정치적 행위들과 공동체에 대한 관심에 의해 이루어질 수 있습니다.

|토크빌| 제가 민주주의적 전제정이라는 개념을 통해 지적하고자 했던 것도 바로 그것입니다. 민주주의적 사회 상태하에서 개인들이 정치에 무관심하고 이윤 추구 활동에만 몰두할 때 민주주의적 전제정이 성합니다. 하지만 그것은 다시 개인들의 자유를 억압하는 결과를 가져오게 됩니다. 그러한 의미에서 본다면 정치는 우리의 삶을 결정하고 사회의 방향성을 결정한다는 의미에서 그 무엇보다도 중요한 사회의 구성 요소일 것입니다. 즉 단순히 우리의 권리와 자유를 보존해주는 수단적인 요소에 한정할 수는 없는 것입니다.

|사회자| 결론적으로 토크빌 선생께서 오늘 좌담회를 마무리하는 말씀을 하신 것 같습니다. 21세기에 다시 한 번 정치의 의미를 되새길 수 있는 계기가 되었으면 합니다. 감사합니다.

Chapter 4

Montesquieu

이슈
ISSUE

Tocqueville

위원회 공화국과 대의 정치

대의 기능은
의회에 한정되어야 하는가?

권력분립을 이야기할 때, 입법부는 당연히 대표 혹은 대의의 기능을 수행하게 된다. 하지만 행정부의 기능에 대해서는 계속 문제의 초점이 되어왔다. 프랑스 혁명 초기에 행정부는 말 그대로 입법부가 인식한 일반의지를 실행하는 역할만이 주어졌다. 로크 역시 입법부의 우위를 이미 역설했고, 루소는 말할 것도 없이 입법부의 절대적인 우위를 강조했다. 프랑스 혁명 당시에도 그러한 사고는 지속되었고 현실적으로도 위와 같은 방식으로 국가의 기능을 분할해 권력분립의 원칙을 지키려 했다. 하지만 19세기를 거치면서 행정부는 그 역할을 구체적으로 확대해나간다. 단순히 입법부가 마련한 법률들을 실행만 한다는 것은 현실적으로 불가능한 것이었다. 국가 간의 경쟁, 경찰의 치안 관련 기능 확대 등 행정부의 기능은 증가할 수밖에 없었다(19세기 동안 자본주의 발달에 따른 노동자 운동의 성장, 근대적 가족 제도가 확립되어가는 과정에서 매춘과 관련한 것들 등 경찰의 기능은 급속도로 증가한다).

더욱이 19세기 말부터 서서히 복지국가와 관련해 시민의 사회적 권리social right가 문제되기 시작하면서 국가 권력의 확대, 특히 행정부 기능의 확대는 본격화된다. 사회적 권리가 탄생하게 된 것은 기존의 민권civil right이나 정치적 권리political right와는 근본적으로 상이한 문제를 설정한 결과였다. 생명과 안전에 대한 권리, 소유에 대한 권리를 내용으로 하는 민권이나 개인의 선거권, 피선거권을 내용으로 하는 정치적 권리는 기본적으로 모든 개인에게 주어지는 보편적 권리의 성격을 가지고 있다. 하지만 사회적 권리는 보편성에 근거한 것이 아니라 구체적인 사안과 구체적인 개인에 따라 주어지거나 요구되는 권리였다. 즉 사회적 권리의 초기적 형태였던 실업수당을 받을 권리는 실업이라는 구체적인 상황에 처했을 때 주어지는 권리다. 따라서 사회적 권리에 대한 정당성이 부여되기 위해서는 광범위한 사회적 합의가 필요했다. 예를 들어 프랑스의 경우 '사회적 연대'라는 공화주의적 통합 이데올로기가 형성되고 그것을 통해 사회적 합의를 이끌어냈다. 사회적 권리는 경제적 분배 문제와 관련해 기존의 교환적 정의를 넘어서 분배적 정의를 요구하는 것이었다. 따라서 사회적 권리를 실현하기 위한 구체적인 재원을 확보하기 위해서는 세금에 있어서도 누진세가 적용되어야 했고, 기업은 사회적 부담금이라는 형태로 더 많은 비용을 지불해야 했다. 이러한 문제들을 관리하고 실행에 옮기기 위해서 행정부의 역할이 증대될 수밖에 없었던 것이다. 더 나아가 행정부의 역할은 사회에 대한 수동적 인식, 즉 단순히 사회적 상태를 반영하는 것을 넘어서 적극적으로 사회적 문제들을 인식해나가는 과정이 요구되었다. 적극적 인식의 과정으로서 대의, 대표의 과정이 요구되었고 그러한 문제의식하에서 다양한 위원회들이 등장한 것이다.

사회의 다양한 이익들의 목소리가 행정부를 통해 드러나야 한다는 주장과 함께, 1890년 프랑스 정부가 노동자의 대표가 참여하는 '노동위원회 Conseil supérieur du travail'를 설치했던 것은 아마도 최초의 상징적인 조치였다. 즉 그것은 유일한 대표 기관으로서 의회라는 원칙과, 집단이 아닌 시민에 근거한 대표 체계의 원칙 모두와도 일정한 단절을 의미하는 것이었다. 하지만 이것은 시작에 불과했고, 이후 행정부 내의 각 부처에는 다양한 형태의 자문위원회들이 설치된다. 보통선거를 통해 정당성을 확보한 의회의 대표 기능과 일반의지의 독점은 이제 행정부의 개혁 속에서 그 의미를 잃게 된다. 행정부에 의해 구성된 다양한 장치들은 기술적 노력과 특화된 분야의 경험을 토대로 의회와 구별되는 대표 기능을 수행하고 동시에 그러한 실천을 통해 자신의 정당성을 확보해나간다. 나아가 행정부에 대한 사회 내 이익 체계의 대표 기능 수행은 의회에 의한 대표의 기능이 소극적인 반영의 의미만을 가졌다는 기존의 비판과 함께 사회에 존재하는 이익 체계에 대한 적극적인 인식의 과정, 즉 국가기구가 사회의 다양한 문제들을 파악하고 적극적으로 해결해나가려는 과정으로 풀이할 수 있다. 행정부 내에 설치된 각종 위원회들은 단순한 자문의 역할을 넘어서 사회의 이익 체계에 대한 대표의 기능을 수행하게 된다. 사회에 대한 반영으로서의 국가가 아니라 사회와의 적극적인 대화자로 국가의 상像을 정립하려는 것이 행정부의 대표에 대한 이해였다. 프랑스 제3공화국에서 만들어진 위원회는 총 78개에 달했으며, 이것은 거의 모든 공적 영역을 포괄하는 것으로 평가된다. 이러한 새로운 대표 기능을 위한 위원회의 형성은 1916년에 제안되어 설치된 '국가경제위원회Conseil d'État économique'에 이르러 절정을 이룬다. 국가경제위원회 설치는 이미 '노동총동맹'이 프루동[Pierre J. Proudhon, 1809~1865]의 구상에서 출발해 제안했던 것이었다. 국가경제위원회는 의회와 달리 대표 체계를 위해 6개 범주, 즉 '농업, 공업, 분배, 은행과 신용, 교통과 공공서비스 그리고 37개 직업 집단'으로 구분하여 대표 체계를 형성함으로써 '나라의 경제 활동에 보다 충실한 대표'로서 등장한다.

.이러한 활동들은 1930년대 경제 공황이라는 시기와 맞물리면서 더욱 탄력을 받는다. 그리고 구체적으로 1934년 '국가개혁위원회'를 설치해 공화국 자체에 대한 개혁을 모색한다. 당시에 등장한 다양한 제안들을 살펴보면, 행정부의 의회 해산권을 통해 입법부와 행정부의 권력 균형 회복, 국민투표제의 도입을 통한 행정부의 활동에 정당성 부여, 상원을 대신해 노동조합과 직업에 기반한 새로운 '경제의회' 설립, 비례대표제 도입을 통한 대표 개념의 정밀화 등이었다. 이러한 제안들은 1789년 프랑스 혁명 이래 형성되어온 공화주의적 원칙에

➕ 프루동

프랑스의 사회주의자. 개인 재산을 인정하지 않고 정치적 권위를 부정한 아나키즘(무정부주의) 사상가다. 《재산이란 무엇인가Qu'est-ce que la propriété?》(1840)에서 자본가의 개인 소유를 부정하고 힘 대신 정의를 가치 판단의 기준으로 삼아야 한다고 주장했다. 그의 사상은 제2제정기의 노조 운동이나 파리코뮌에 많은 영향을 끼쳤다.

대한 문제 제기들로서 의회주의의 위기로부터 도출된 것이었고, 그에 대해 다양한 방식과 형태로 대표 개념 확대의 필요성을 제시했던 것이다. 이러한 제안들은 제2차 세계대전 때문에 잠시 중단되지만, 1945년 이후 프랑스 제4공화국을 통해 실질적으로 수용된다. 이 시기 프랑스는 복지국가 체제를 정비하고 앞에서 제기한 문제 제기들을 수용한 이른바 '코포라티즘'적 국가État corporatif'로 전환을 시도하고 있었다.

이제 대의제 정부의 개념이 더욱 확대되고 나아가 주권의 개념 역시 전환된다. 국가와 시민사회의 관계 설정 방식 역시 새롭게 정립된다. 유일한 대표 기관임을 자처하면서 대표의 기능을 독점했던 의회는 원칙적으로 1인 1표 체계에 근거한 시민들의 정치적 권리의 행사를 토대로 대표체계를 확립했다. 정당 자체가 잠재적인 국가 권력 집단이라는 특성 때문에 초월적인 '일반이익'이라는 개념을 내던져버릴 수 없지만 동시에 계급정당이라는 성격을 통해, 보다 구체적인 이익 대표 체계로의 전환을 모색하게 된다. 행정부는 과거와 같이 입법부의 일반의지를 실행하는 데 그치지 않고 적극적으로 '사회적인 것'을 조직화하면서 대표 행위를 수행한다. 이미 18세기 중반 몽테스키외가 지적했듯이, 3권의 분립은 국가 권력의 단일성을 전제로 한 국가 권력 기능의 분립의 차원에서 이

➕ **코포라티즘**

유기체·신체를 뜻하는 라틴어 코르푸스 (corpus)에서 유래했다. 코포라티즘에 대한 개념 정의는 학자에 따라 다양한데, 보통 정부를 하나의 유기체로 보고 개인보다는 전체를 우선시하며, 정부와 이익 집단의 관계를 중요시하는 다원주의적 이익 대표 체계의 한 유형이라고 할 수 있다. 코포라티즘하에서는 사회적 책임, 협의, 조화 등의 가치가 중시된다.

해되어야 했던 것이지, 권력들 간 투쟁의 의미가 아니었다. 국가 권력의 존재 양식으로서 의회와 행정부는 이제 사회의 다양한 이익 체계로 대표되는 거대한 '빈 공간'(그 무엇에 의해서도 권력이 독점되지 않는다는 의미에서)으로서 존재하는 것이며 이 공간 내에서 이익체계들 간의 경쟁과 타협이 존재하게 된다. 대표의 과정은 사회의 총체성을 전제로 일반의지를 찾는 작업이 아니라 다양한 국가 기구의 기획과 사회적인 것의 표출을 통한 의사소통의 과정으로 정립된다. 따라서 주권의 개념 역시 변화한다. 의회를 통한 의회주권의 형태로 실행되었던 '추상적인' 국민주권은 그러한 의사소통의 과정을 통해 실행되는 구체적인 과정으로서의 주권이 된다.

대통령제와 의원내각제,
선택의 문제인가?

　현재 우리나라의 경우 행정부 내에, 특히 대통령과 국무총리 산하에 다양한 위원회를 설치해 위원회 공화국이라는 말을 듣기도 한다. 현재 대통령직속위원회는 행정위원회 4개·자문위원회 18개 등 22개이며, 헌법상 독립위원회 4개를 포함하면 모두 26개에 이른다. 대통령직속위원회는 2001년 11개에서 김대중 정부 말기인 2002년 13개, 참여정부 첫해인 2003년 18개, 올해 22개로 3년 만에 2배로 늘어났다. 여기에다 국가안전보장회의 등 헌법상 독립위원회(4개)까지 합치면 위원회 수만 26개에 달한다. 그리고 위원회 수의 증가와 함께 예산도 급격히 늘고 있다.

　이러한 위원회의 기능과 양적인 확대는 분명 사회를 적극적으로 인식하겠다는 행정부의 의지가 드러나는 것이고, 이러한 기능을 통해 사회의 다양한 문제들을 신속하게 해결하겠다는 의지의 표현일 수 있다. 하지만 본말 전도의 가능성, 즉 대표의 기능을 원칙적으로 수행해야 할 입법부의 경우 그 기능을 신속하게 하지 못하고 오히려 행정부의 기능을 보조하는 역할로 전락할 가능성이 있고, 실제 그러한 일들이 이미 발생하고 있다. 하지만 동시에 의회는 기존의 이익 대표 기능에 한정되지 않고, 보다 광범위한 사회적 합의를 이끌어내기 위한 의사소통, 토론, 심의 기능의 확대를 요구받고 있다. 국가 권력의 단일성이라는 측면에서 본다면 행정부, 입법부, 사법부가 서로 간에 견제와 균형의 역할을 수행하면서, 사회의 다양한 문제들에 대한 대표 기능을 동시에 갖는 것은 어찌 보면 당연한 일이다.

현대의 주요한 정치 형태는 대통령제와 의원내각제다. 우리나라의 경우 제2공화국에서 의원내각제를 취했을 뿐 지속적으로 대통령제를 취해왔다. 그러면서 개헌에 대한 논의가 흘러나올 때마다 대통령제와 의원내각제 혹은 이원집정부제 등 정부형태에 대한 논의가 끊임없이 흘러나오고 있다. 어느 것이 더 민주적이며 또 더 효율적인가, 혹은 국민의 정서에 더 잘 맞는가 등 다양한 기준을 통해 어떠한 정부 형태를 선택할 것인가의 문제가 제기된다. 하지만 과연 정부형태, 대통령제와 의원내각제는 선택의 문제인지 한번쯤 생각해볼 필요가 있다.

유럽의 경우 이러한 정치 형태를 만들어왔던 것은 다분히 역사적 맥락이 있었던 것이지 단순히 어떤 정치 형태를 취할 것인가를 선택한 것은 아니었다. 사실 우리나라의 경우도 차분히 역사적 맥락을 되짚어본다면 대통령제가 선호되었던 것은 그럴 만한 이유가 있다고 할 수 있다.

유럽 역사에서 혁명을 통해 왕의 목을 자른 경우는 두 번이 있었다. 한 번은 1649년 영국의 청교도 혁명 때 크롬웰이 찰스 1세의 목을 자른 경우고, 다른 하나는 1793년 프랑스 혁명이 가속화되는 시점에서 로베스피에르가 주도한 산악파^{Montagnards}가 루이 16세의 목을 자른 경우다. 크롬웰은 찰스 1세의 목을 자르면서 "우리는 그의 목과 함께 그의 왕관을 자른 것이다"라고 말하며 왕정 폐지의 의미를 부각시키고자 했다. 하지만 크롬웰의 공화정은 10여 년 정도만 지속되었고 곧바로 왕정이 복고되었다. 반면 로베스피에르에 의해 목이 잘리면서 폐지된 프랑스 왕정은 한 차례의 왕정 복고 그리고 새로운 왕정과 제정을 성립하기도 했지만 결국 귀결된 곳은 공화국이었다. 1871년 프로이센과의 전쟁에서 패배하고 파리코뮌 등을 경험한 이후 프랑스인들의 광범위한 합의를 이끌어낼 수 있는 것은 공화국이라는 판단이 작용했다. 그래서 성립된 것이 1875년의 제3공화국이었고, 그 체제는 현재까지 제5공화국으로 유지되고 있다.

이러한 차이는 어디에서 온 것일까? 우선은 혁명의 경험에서 오는 차이다. 1648년에 시작된 영국의 청교도 혁명은 초기에 독립파^{Independents}와 수평파^{Levellers}가 연합해 왕당파^{Royalists}와 대결했다. 하지만 찰스 1세의 목을 자른 후 우왕좌왕하던 크롬웰은 혁명 운동의 좌익을 억압하기 시작했다. 수평주의자, 평등주의자 그리고 종교적인 공산주의자의 숫자는 적었지만 그들은 과격해지고 급진적인 개혁을 요구했고, 1649년 5월 수평파에 고무된 군대가 반란을 일으키지만 크롬웰은 이를 진압한다. 이로써 수평파 운동은 끝이 났고 혁명은 더 이상 좌경화되지 않았다. 수평파의 진압은 군과 정치의 지도자가 보수적으로 기울어졌다는 것을 의미하며, 이것이 정치의 보수주의를 가져오고 왕정 복고와 귀족의 회복을 가져오게 한 하나의 요인으로 작용했다. 즉 수평파와 결별하기 전까지는 혁명이 좌측으로 진행되었지만 수평파와 결별 이후 역류가 밀려와 왕정복고로 귀결된 것이다. 엄격한 칼뱅주의자였던 크롬웰은 도덕적인 갱생과 정치적인 교육을 위한 프로그램 등 도덕만으로 혁명을 지속하려 했다.

반면 프랑스 혁명에서 로베스피에르는 루이 16세의 목을 자른 뒤 인민들과 연대해 귀족에 대항했다. 그때 강조되었던 것이 형제애였다. 루이 16세를 죽이는 '부친 살해'의 경험을 통해 공범적 죄의식을 가지는 형제들의 연대와 그에 기반한 공화국의 확립과 유지라는 길을 선택했던 것이다. 프랑스 혁명이 내걸었던 '자유, 평등, 형제애'라는 구호는 공화국의 기본적인 가치로 자리잡게 되었고 그것을 또한 순환적으로 공화국을 통해 실현되는 것이었다. 이후 몇 번의 왕정이 성립되지만 결국 프랑스인들이 받아들일 수 있는 정치체제는 공화국밖에 없었던 것이다. 이러한 이유 때문에 유일하게 프랑스만이 서유럽에서 대통령제를 채택하고 있는 것이다. 반면에 영국을 비롯한 다른 국가들은 왕권으로부터 권력을 서서히 의회로 이전하는 과정을 통해 의원내각제를 확립해왔다고 할 수 있다. 영국은 13세기 마그나카르타 이래 의회를 통해 왕권을 서서히 견제하면서 권력을 분할했다. 그리고 국왕은 상징적인 의미에서 국가를 대표하는 행정부 수장의 의미를 지녔던 것이다.

그렇다면 우리의 경험은 어떠한가? 전통적인 정치 질서에서 근대적인 정치 질서로 전환되는 과정은 우리의 의지라기보다는 서구열강과 일제의 침략에 의해 진행되었다. 프랑스가 자신의 아버지로 상징되는 국왕을 형제들의 공모에 의해 살해했다면, 우리의 아버지였던 조선의 왕은 일제의 의해 정치적으로 살해되었다. 이러한 의미에서 우리는 아버지를 잃은 국민이 된 것이었고, 그것은 이후 역사 속에서 지속적으로 아버지의 부재라는 쓰라린 경험을 가져야 했다. 그러나 광복이 된 후 식민지 경험 속에서 살아온 국민들이 무능했던 아버지를 다시 불러오기를 바라진 않았다. 즉 결코 다시 조선 왕조를 복원하고 싶지는 않았다. 그러기에 우리는 대통령에게 아버지와 같은 존재를 기대했을 수도 있었다. 하지만, 한국의 정치사에서 대통령은 국민들에게 그러한 욕구를 결코 충족시키지 못했다. 그렇다고 제2공화국에서 실험하고 개헌 논의 속에서 지속적으로 제기됐던 의원

➕ 국가와 국민의 통합 : 배제가 아닌 포용을 위해

정치체제의 문제가 단순히 권력구조와 분배의 문제에 한정되는 것은 아니다. 각 나라가 가지고 있는 정치체제는 역사적이고 현실적인 이유들이 존재한다. 영국의 여왕이나 일본의 일왕, 그리고 많은 유럽의 국가들 중 군주를 가지고 있는 경우 그들의 주요한 역할은 국민 통합이라는 상징적 역할이다. 왕을 갖지 못한 나라, 예를 들어 미국의 경우는 그러한 역할이 대통령을 통해 이루어진다. 특히 미국은 초대 대통령 조지 워싱턴을 국부의 이미지로 만들었고 역대 대통령들도 국민적 통합의 상징적 역할을 잘 수행하고 있다. 한편 프랑스는 왕이 없고 대통령이 있는 나라지만, 대통령이 그러한 상징적 역할을 잘 수행하고 있진 못하다. 프랑스는 혁명 이래 정치인은 부패할 수밖에 없는 사람이라는 인식이 있다(이러한 점은 우리의 경우와도 유사할 것이다). 프랑스인들에게는 왕을 대신해 등장한 '공화국(République)'을 신성시하는 경향이 있다. 공화국은 좌우 정파를 막론하고 합의된 정치체제로서 프랑스 역사적 산물이자 그들이 지켜야 할 신성한 것으로 간주되고 있다. 그렇다면 우리의 경우는 프랑스와 비슷한 측면을 발견할 수 있다. 왕이 없고, 대통령이 있지만 그러한 상징적 역할을 수행하지 못하고 있다. 아마도 우리에게는 '민족'이 신성시

내각제의 경우 우리의 역사적 경험과 현실 속에서 바람직하고 적합한 정치체제인가는 심각한 논의를 필요로 한다.

되었나? 일제 침략기 아버지의 부재 속에서 민족은 우리가 지켜내야 하고 새롭게 만들어야 할 정치적 주체였다. 그리고 외세의 의해 이루어진 분단은 민족을 둘로 나누는 뼈아픈 경험을 가지게 한 것이었다. 항상 상처받고 짓밟혔다는 이미지를 민족에게 부여함으로써 새롭게 쇄신하고 또한 끊임없이 보호해야 할 존재로서 민족이라는 이미지를 만들어온 것이 사실이다. 통일에 대한 당위성 역시 일정 부분 이러한 감정적 요소가 존재한 것이 사실이다. 하지만 민족의 신성함에 대한 강조가 배타적 민족주의로 흐를 가능성도 배제할 수는 없다. 특히 우리나라로 유입되는 외국인 노동자들의 수가 증가하고 있는 요즘 우리가 과거와 같은 배타적 민족 개념을 지속적으로 유지할 경우 그들에 대한 배제와 억압이 나타날 수밖에 없다. 국민적 통합을 위한 장치가 필요한 것은 사실이지만, 그것이 소수자에 대한 억압으로 나타날 경우 그것은 민주주의에 반하는 것이다. 따라서 바람직한 통합의 방식은 민주주의 원칙에 기반해야 한다.

이슈 3

프랑스 혁명에 대한 기억 만들기

현재 프랑스의 정치 지형을 간략히 살펴보면 극좌에서 극우까지 다양한 이데올로기를 가진 정치적 집단이 존재한다. 그들이 실내가 아닌 실외에서 정치 집회를 할 경우 그 장소는 그들의 정치적 성향을 일정하게 반영한다. 우파들이 정치집회를 여는 장소는 대개 '샤를 드골 광장 place Charles-de-Gaulle'이나 '국민 광장place de la Nation'이다. 반면에 좌파들은 '공화국 광장place de la République'이다.

우파들은 '국민'을 강조해서 '민족주의'를 강화하려는 극우적 경향 때문이고, 좌파들은 '공화국'을 강조해서 '공화주의'를 통한 사회적 연대를 강화하려는 경향 때문이라고 볼 수 있다. 특정한 상징물, 언어, 역사, 기억 등이 바로 이 시점, 이 공간에서의 정치적, 이데올로기적 성향을 반영해 재현되는 것이라고 할 수 있다. 프랑스 혁명을 둘러싸고도 이러한 문제들은 프랑스 정치에서 가장 잘 드러난다.

프랑스 정치사에서 1875년에 성립한 제3공화국은 1789년 프랑스 혁명이 제기했던 문제들을 일정하게 해결하면서 제도적으로 정착시켰다는 의미에서 혁명의 포구라고 평가된다. 제3공화국은 탄생의 시발점이 되는 프랑스 혁명에 대한 기억을 새롭게 하는 작업을 진행했다. 프랑스뿐만 아니라 유럽의 각국에서 정치적 상징이 중요한 역할을 하게 된 것은 선거민주주의의 광범위한 확산과 그에 따른 대중 정치의 출현과 맞물려 있다. 자유민주주의가 정치적 제도로서 정착하기 시작하면서 정당들이 형성되고 그들 간의 경쟁은 선거를 중심으로 이루어진다. 이러한 정치적 상황은 각각의 정파들이 대중들에게 호소하고 그들을 동원할 필요성을 낳게 했다. 따라서 정치적 상징은 이러한 필요성 때문에 국가적 차원이나 정당 혹은 정치 세력의 차원에서 다양하게 이용된다.

새로운 공화국 정부가 프랑스 혁명에 대한 작업을 진행한 것은 1889년의 '프랑스 혁명 100주년 기념'과 관련해서였다. 우선 무엇을 어떻게 기념 혹은 추모할 것인가의 문제를 결정해야 했다. 몇 년 몇 월 며칠을 특정한 기념일로 정하고 그것을 해마다 반복한다는 것은 그것을 통한 기억의 대상과 그에 따른 전통의 확립이라는 결과를 낳게 된다. 1789년 5월 5일 삼부회 소집, 6월 20일 '테니스코트의 서약', 7월 14일 바스티유 함락, 8월 4일 봉건 특권의 폐지, 1792년 8월 10일 왕정 몰락과 공화국 선언, 9월 21일 국민공회 성립, 1793년 1월 21일 루이 16세 처형 등등 기억할 만한 사건과 날짜는 각각의 의미를 지니면서 다양하게 존재했다. 당시 혁명의 작업을 상징화하고 공화국에 초석을 제공하는 의미를 부여했던 주요 개념은 '자유'였다. 바스티유는 중세 및 구체제와 동일시되었으므로 바스티유 함락은 인류의 해방을 의미했다. 그리고 무엇보다 그날의 주요한 행위자는 몇몇의 영웅이 아니라 인민대중이라는 사실이었다. 또한 당시가 (제3)공화국임에도 불구하고 공화국이 최초로 선언된 1792년보다는 1789년을 선호했던 것은 1792년이 가져온 공포정치의 기억 때문이고, 제3공화국 권력의 중심에 공포정치와 거리를 두는 중도좌파 공화주의자들이 있었기 때문이다. 이미 1878년 볼테르를 기념하는 축제가 있었고, 이것은 1792년, 1793년, 1794년을 낳은 루소보다는 1789년, 1790년을 낳은 부르주아 볼테르를 추모하고자 했던 것이다. 그리고 소르본 대학의 공식적인 프랑스 혁명사가로 자리잡은 올라르^{Alphonse Aulard, 1849~1928}는 로베스피에르보다는 당통^{Georges J. Danton, 1759~1794}에 프랑스 혁명의 정통성을 부여했다. 이러한 정통성 부여 작업들은 당시 권력이 중도좌파라는 점도 있었고, 동시에 반종교적인 축제와 정통성을 만들고자 하는 의지가 강했던 점도 작용했다. 루소와 로베스피에르에 남아 있던 종교적 감성보다는 철저하게 반기독교적이었던 볼테르와 당통이 당시의 공화국에는 더 필요했다.

공화국은 1789년 프랑스 혁명의 기억을 영유할 본격적인 작업에 들어간다. 1879년 '라 마르세예즈^{La Marseillaise}'를 공식적인 국가^{國歌}로 인정하고, 1880년 의회는 베르사유에서 파리로 이전한다. 그리고 7월 14일은 법령을 통해 공식적인 국민 축제일이 된다. 또한 1881년 《프랑스 혁명^{La Révolution française}》이라는 잡지를 창간하고, 1886년 프랑스 혁명과 관련한 미간행 자료 수집을 전담할 위원회를 설립하면서 주요 혁명사료들을 보관할 카르나발레 박물관^{musée Carnavalet}을 건립한다. 그리고 1889년에는 프랑스 혁명 당시 루소와 마라를 안장하면서 상징적인 존재가 되었다가 이후 테르미도르와 함께 폐쇄되었던 묘지 팡테옹^{Panthéon}을 다시 개장한다. 그리고 1889년 8월 4일 100년 전 봉건적 특권을 폐지했던 날을 기념하여 4명의 공화주의자들을 팡테옹에 안장시킨다.

공화국의 주도하에 전 국민적 행사로서 준비된 1889년 7월 14일의 축제는 어떠했는가? 무엇보다도 그것은 하나의 의식이었다. 공화국에 의해 검증된 사회 집단들(군인, 경제인, 지방자치 단체 정치인, 문화계 인사들)의 행렬이 준비되었다. 축제에는 '동의된 규율^{discipline consentie}'이 작동하고 있었다. 유흥은 도덕적 질서로 전환되었고, 프랑스 전역의 축제 장소에는 제복을 입고 악기를 들거나 총을 어깨에 멘어린 학생들의 행진이 발견되었다. 이들은 규율과 복종, 도덕적 강건함을 지닌 미래 시민의 모습이었고, 주위 어른들의 박수 속에서 행진했다. 삼색기는 축제의 모든 장면들을 정렬하는 중심적 표지 역할을 했고, 시민들에게는 공화국에 대한 사랑과 충성심의 상징으로 보여졌다. 축제의 장소로 선택되는 곳은 항상 시청과 도시의 학교였다. 이것은 중세의 축제가 이루어지는 곳이 성과 교회라는 점에 비춰 정확히 대비를 이루는 것이다. 탈종교적이고 인민에 의한 권력과 그것에 의한 축제라는 의미였다. 특히 제3공화국에서 학교 건물은 '인민의 궁정'이라 표현될 만큼 주변의 모든 건물을 지배하도록 크고 높게 올려졌다. 그리고 시청 건물은 인민 권력의 상징이자 도시 통합의 상징이었다.

축제는 철저하게 조직화되었다. 공화국의 공고화 과정에서 공화주의자들은 공화국의 내용을 채우는 작업을 진행했고, 그것은 탈종교적, 애국주의적, 그리고 자유주의적 내용이었다. 시민들은 그러한 공화국에 걸맞은 시민 육성을 위한 교육의 대상이 되었다. 축제를 준비했던 자유주의적 공화파들에게 분명한 것은 "사람들이 축제를 하는 것이 아니라 축제는 이루어지는 것"이라는 사실이었다. '정치적인 것'이 분명 사회적인 것의 통합에 목적이 있음을, 제3공화국의 공화주의자들은 축제를 그것을 위한 하나의 수단으로 보았던 것은 분명하다. 당시 공화국 교육 목표 중의 하나가 개인의 행동을 제약했던 전통적인 질서에서 개인을 해방시키면서 이성을 보급시키는 것이었다면, 축제는 국민 교육의 차원에서 그들을 다시 새로운 정치 질서인 공화국의 구성원으로 만드는 작업이었다고 할 수 있다. 새로운 정체성, 즉 국민적 정체성을 부여하는 작업이 축제를 통해 진행된 것이다.

　권력을 가진 자유주의적 공화파들이 7월 14일 전국적 규모의 축제를 벌이는 것과 대조적으로 좌파들은 왕정의 몰락과 공화국의 선포가 있었던 1792년 8월 10일, 혹은 공포정치를 주도한 국민공회가 열렸던 9월 21일을 기념하고자 한다. 또한 방데 Vendée 지역에서는 이러한 일련의 공화주의적 기억에 대항해 당시 죽어간 백색 순교자들에 대한 추모 행사가 진행되었다. 100여 년 전에 있었던 프랑스 혁명은 단지 추상적인 수준에서 상기되는 것이 아니었다. 그것은 다양한 정치 세력들에 의해서 살아 있는 기억으로 만들어지면서 고유의 정치적 프로그램을 제시하는 것이었고, 나아가 자신들의 운명을 만들어가는 방식으로 나타나는 것이었다.

혁명 200주년을 맞이한 1989년 프랑스의 한 주간지는 "프랑스는 드디어 새로운 왕을 다시 찾았다"라고 선언했다. 이것은 프랑스 혁명사가 프랑수아 퓌레^{François Furet, 1927~1997}를 염두에 두고 하는 말이었다. 퓌레는 1970년대 이후 프랑스 혁명을 자유주의적 시각을 통해 재해석함으로써 기존의 마르크스주의적 경향과는 다른 방식을 택했다. 이러한 퓌레의 해석이 광범위한 호응을 받았던 것이다. 프랑스 혁명 100주년 시기에는 당통, 그리고 20세기에 들어서는 로베스피에르의 노선이 정통적으로 프랑스 혁명의 해석에서 주축을 이루어왔다. 그것은 이데올로기적으로 맑스주의와 그에 따른 사회·경제사적 방법론이 혁명사 해석에서 주류를 이루어왔다는 사실에 기인했다. 그러한 의미에서 프랑스 혁명은 아직까지 끝나지 않은 혁명이기도 했다. 로베스피에르가 꿈꾸던 세상, 혹은 더 나아가 당시의 공산주의자였던 바뵈프^{François Babeuf, 1760~1797}가 그렸던 사회는 아직 오지 않았기 때문이다. 하지만 1970년대 이후 전체주의 개념(히틀러와 스탈린 체제를 동시에 포괄하는 정치적 개념으로서)의 형성과 논의의 진행 속에서 자유주의적 경향이 일정한 힘을 얻었다. 그 과정에서 퓌레는 기존과는 달리 로베스피에르, 당통 등 산악파에 의해 제거되었던 브리소^{Jacques Brissot, 1754~1793}, 콩도르세^{Marquis de Condorcet, 1743~1794} 등 지롱드당^{Girondins}에 대한 평가를 새롭게 할 것을 요구했고, 그러한 노선을 체계적으로 실현했던 제3공화국에 이르러 프랑스 혁명은 포구에 다다랐다고 주장했다. 분명 퓌레에게 혁명은 끝난 것이었다. 지금 우리에게 중요한 것은 1789년 프랑스 혁명 당시에 무슨 일이 일어났는가가 아니라 그때의 사실들 중에서 어떤 것을 지금 우리가 기억해낼 것인가의 문제로 바뀐 듯하다. 분명 역사도, 우리의 기억도 고정되어 있는 것이 아니다. 사실 혁명 300주년을 기념하는 시점에 갑자기 루이 16세의 죽음을 애도하는 물결이 프랑스 전역을 휩쓸지 않으리라고 누가 장담할 수 있겠는가?

우리에게도 '기억'을 둘러싼 투쟁은 끊임없이 지속되고 있다. '민주화운동기념사업회', '과거사진상규명위원회' 등의 작업이 바로 이러한 기억을 둘러싼 투쟁의 과정에서 만들어진 것들이다. 헌법에서도 권력의 정통성을 어디에 두느냐의 문제가 쟁점이 되어왔다. 이승만을 국부國父로 볼 것인가, 독재자로 볼 것인가의 문제, 5·16과 박정희 정권, 5·18 광주민주화운동과 1980년대의 다양한 운동 등 이 모든 것들이 '기억'과 관련한 것들이다. 우리는 무엇을 기억하고, 무엇을 망각할 것인가? 이 문제들은 바로 우리는 누구인가의 문제다.

에필로그
Epilogue

1 지식인 지도

2 지식인 연보

3 키워드 찾기

4 깊이 읽기

5 찾아보기

지식인 지도

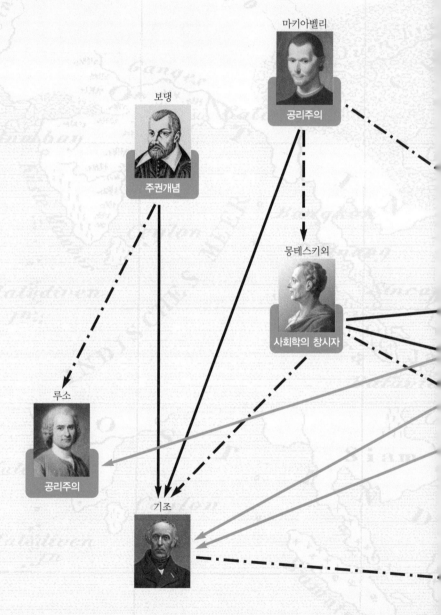

마키아벨리
공리주의

보댕
주권개념

몽테스키외
사회학의 창시자

루소
공리주의

기조

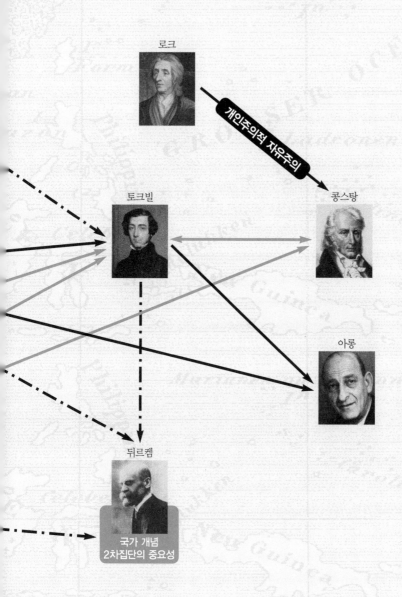

범 례
계 승 관 계
비판적 계승 관계
대 립 관 계

로크

개인주의적 자유주의

토크빌

콩스탕

아롱

뒤르켐

국가 개념
2차집단의 중요성

지식인 연보

• 몽테스키외

1689	몽테스키외 프랑스 보르도에서 출생
1721	몽테스키외 《페르시아인의 편지》 익명으로 출간
1734	몽테스키외 《로마의 흥망성쇠의 원인에 대한 고찰》 출간
	볼테르 《철학서한》 출간
1748	몽테스키외 《법의 정신》 완성
	몽테스키외 사망
1759	볼테르 《캉디드》 출간
1762	루소 《사회계약론》 출간
1789	바스티유 감옥의 침탈로 상징되는 프랑스 혁명 시작
1791	루이 16세를 군주로 하는 입헌군주제 확립
1792	국민공회의 소집과 공화정 선언
1793	루이 16세 처형, 공포정치 시작
1795	테르미도르 반동으로 로베스피에르 몰락
1799	나폴레옹 귀국과 브뤼메르 18일의 쿠데타
1804	나폴레옹 황제 등극, 제1제정, 나폴레옹 민법 완성

• 토크빌

1805 토크빌 프랑스 노르망디에서 출생

1814 나폴레옹 워털루에서 패전, 왕정 복고

1830 7월 혁명과 함께 루이 필리프를 시민왕으로 옹립
      토크빌 미국 여행

1835 토크빌 《미국의 민주주의》 1권 출간

1840 토크빌 《미국의 민주주의》 2권 출간

1846 프루동 《빈곤의 철학》 출간

1848 2월 혁명, 보통선거권의 선언, 6월 혁명
      마르크스와 엥겔스의 《공산당 선언》 출간

1849 토크빌 외무장관 취임

1851 루이 나폴레옹의 쿠테타
      토크빌 쿠데타에 반대해 체포됨

1852 루이 나폴레옹 황제로 등극, 제2제정 확립,
      마르크스 〈루이 나폴레옹과 브뤼메르 18일〉 출간

1857 토크빌 《구체제와 혁명》 출간

1859 토크빌 사망

1871 파리코뮌

1875 프랑스 제3공화국

키워드 찾기

- **계몽주의** enlightenment 관습과 미신에 대한 이성과 과학의 승리를 주장했던 18 세기, 특히 프랑스에서 영향력이 강했던 철학 운동. 무엇보다 프랑스에서는 국왕의 신성함을 공격하고 무너뜨렸다는 의미에서 프랑스 혁명 기원의 의미를 지녔다.

- **공화주의** republicanism 법의 지배, 혼합정체, 적극적이고 공공정신에 충만한 시민이라는 요소를 기본으로 하는 정치형태를 추구하는 정치적 사상적 흐름이다. 특히 아리스토텔레스 및 로마 공화정에서 그 이론과 현실화가 있었고, 르네상스 시기 마키아벨리에 의해 부활되었다.

- **권력분립** seperation of powers 입법, 사법, 행정이라는 세 가지 권력들 간의 견제와 균형에 관한 이론이다. 출발은 그것들의 기능적 분립보다는 세 가지 계층, 즉 군주, 귀족, 평민이라는 세 개의 사회세력의 견제와 균형에 의미를 부여했으나 점점 그 의미가 세 가지의 기능적 분립으로 변화되었다

- **덕성과 공포정치** la vertu et la Terreur 로베스피에르는 덕성을 "조국과 법에 대한 사랑이며, 모든 개인적 이익을 일반이익에 종속시키는 숭고한 자기희생"으로 정의한다. 덕성에 대한 강조는 직접민주주의의 활성화 내지는 절대적 대표에 의한 대의제적 절차와 제도의 무시를 만회하기 위한 수단 그리고 그 행위의 정당화를 위한 수단으로 볼 수 있다. 그리고 공포정치는 덕성을 갖춘 시민들이 민주주의를 실현하기 위한 조건을 만들기 위한 작업으로 정의된다. 무엇보다도 순수한 국민을 만드는 작업이다.

- **민주주의적 전제정** despotisme démocratique 토크빌이 만들어낸 개념으로 민주주의적 사회 상태에서 개인들이 정치에 대해 무관심해지고 물질적 이익만을 좇게 될 때 귀결될 수 있는 정치체제다. 이러한 우려 속에서 토크빌은 개인들이 공적인 심성을 가질 수 있는 다양한 방안들, 예를 들어 지방자치제, 배심원제

등 제도적 장치와 다양한 연합 활동 등 자발적인 시민들의 노력을 제시했다.

• **봉기의 정치** 1792년 12월 27일 파리의 한 구(區)는 "프랑스가 자신의 압제자들을 숙청할 때까지" 봉기 상태임을 스스로 선언한다. 그 구가 주장하는 봉기 상태란 "자유가 확고부동한 토대 위에 확립될 때까지 모든 선량한 공화주의자들이 유지해야 할 적들에 대한 불신과 활동력, 감시와 애국적 정성이 담긴 지속적 상태"를 의미했다. 즉 봉기란 필연적인 무장 행동을 의미하는 것은 아니었으며, 그것은 인민들이 승인하지 않은 법에 대한 거부이자 인민주권의 직접적 행사에 대한 의지의 표현이라고 할 수 있다. 인민과 그 대표자들 간의 거리는 위기 속에서 제거되고, 동시에 직접민주주의와 대의제 정부 사이의 긴장은 제거된다.

• **사회계약** social contract 정치사회를 형성하고 정부, 즉 정치적 권위를 확립하는 협약을 말한다. 홉스와 로크, 루소와 같은 정치 이론가들은 '자연상태'의 개인들이 어떻게든 사회계약을 맺음으로써 그러한 권위가 만들어진다고 보았다.

• **소극적 자유와 적극적 자유** 소극적 자유에서의 자유는 어느 누구에게도 내가 하고자 하는 일을 방해받지 않는다면 나는 자유로울 것이라고 믿는다. 반면에 적극적 자유에서 자유는 단순히 강제가 없는 상태뿐 아니라 자신의 소질을 계발하고 그에 따라 행동할 수 있는 능력이나 힘이기도 한다고 믿는 것이다.

• **자유주의** liberalism 자유주의의 기원은 중세 유럽 사회의 두 가지 특징적 현상, 즉 종교적 순응과 귀속적 신분에 대한 반발에 있다고 볼 수 있다. 자유주의는 무엇보다도 개인의 자유를 가로막는 장애물을 제거하기 위해 싸워왔다. 시기에 따라 자유주의는 상이한 모습을 보여왔는데, 고전적 자유주의의 경우 사적 영역을 확장하기 위해 공적 영역으로 간주되는 삶의 영역을 줄이려고 애썼다. 19세기 말의 자유주의는 사회적 자유주의 혹은 복지자유주의라는 이름으로 개인의 자유가 실현될 수 있는 사회적 조건을 마련하기 위해 노력했다. 최근의 자유주의는 여성, 소수인종 등 소수자들의 자유를 확장하기 위한 노력을 하기도 한다.

• **중간 집단과 보수주의** conservatism 몽테스키외, 보날(Bonald), 토크빌, 뒤르켕

등은 강력한 왕권 혹은 국가 권력에 대한 견제 역할을 할 중간 집단의 필요성을 강조했다. 그리고 그러한 중간 집단은 전통과 관습의 담지자로서 역할을 수행할 것이라고 말한다. 때문에 미국의 사회학자 니즈벳(Robert A. Nisbet, 1913~1996)은 그러한 이유에서 그들을 보수주의적 흐름으로 분류한다. 물론 일견 타당한 부분이 있지만 중간 집단에 대한 강조의 의미를 그들의 시대적 상황과 사상적 맥락 속에 위치시켜 파악할 필요가 있다

● **혼합정체** mixed government 한 개인이나 사회 집단에 의한 권력 집중을 막기 위해 하나의 정부 안에 1인 지배, 소수 지배, 다수 지배를 결합하거나 균형을 맞추려는 의도에서 공화주의자들이 주로 제시하는 정부 형태.

깊이 읽기

- 몽테스키외, 《법의 정신》, 《페르시아인의 편지》
  현재 번역되어 있는 책들은 몇 권 있지만, 번역 상태가 썩 좋은 편은 아니다.

- 토크빌, 《미국의 민주주의》 1, 2 – 한길사, 1997
  영어본을 토대로 번역한 터라 토크빌의 뉘앙스가 사라진 경우가 있지만 읽을 만 하다.

- 테렌스 볼, 리처드 대거, 《현대 정치사상의 파노라마 : 민주주의의 이상과 정치 이념》 – 아카넷, 2006
  자유주의, 보수주의, 사회주의 등 다양한 이데올로기와 민주주의적 이상과의 관계를 몇 가지 독자적인 기준을 가지고 적절하게 분석·비교하고 있는 이데올로기에 대한 입문서이다.

- 토크빌, 《구체제와 프랑스 혁명》 – 일월서각, 1989
  프랑스어본을 토대로 프랑스 역사 전공자가 번역한 것으로 좋은 번역이다.

- 퀜틴 스키너, 《근대 정치사상의 토대》 1 – 한길사, 2004
  스키너의 명저로 르네상스 시기 마키아벨리를 비롯한 공화주의의 형성과 발전을 다룬 훌륭한 책이다. 말 그대로 근대 정치사의 토대를 볼 수 있는 책이다.

- 김용민, 《루소의 정치철학》 – 인간사랑, 2004
  루소의 정치 사상에 대한 전문적인 연구서다.

- 로제 샤르티에, 《프랑스 혁명의 문화적 기원》 – 일월서각, 1998
  프랑스 혁명과 계몽사상 사이의 관계를 지성사적 방법을 통해 분석하고 있는 책이다.

- 버나드 마넹, 《선거는 민주적인가》 – 후마니타스, 2004
  고대 이래 정치의 쟁점이 되어온 대표, 추첨, 직접민주주의 등과 관련해 역사적 맥락들을 잘 짚어주고 있는 책이다. 근대 대의제민주주의의 의미와 관련해서도 좋은 책이다.

- 에릭 홉스봄, 《혁명의 시대》, 《자본의 시대》, 《제국의 시대》 - 한길사, 1983~1998, 《극단의 시대》 - 까치글방, 1997
19~20세기 역사에 대한 탁월한 저서들이다. 사회과학을 하는 사람들이 소홀하기 쉬운 역사에 대한 종합적인 시각을 제공해주는 저작들이다.

- 이매뉴얼 월러스틴, 《사회과학으로부터의 탈피》 - 창작과비평사, 1994, 《자유주의이후》 - 당대, 1996
근대 사회과학이 갖는 의미, 근대의 이데올로기들에 대한 사회과학적 이해를 돕는 책이다.

- 카를 마르크스, 《프랑스 혁명사 3부작》-〈루이 보나파르트와 브뤼메르 18일〉, 〈프랑스에서의 계급투쟁〉, 〈프랑스 내전〉 - 소나무, 1993
조금은 뒤지지만 토크빌과 비슷한 시기를 살았던 마르크스의 프랑스 정치에 대한 탁월한 분석이 담겨 있다. 마르크스주의 정치 이론을 알 수 있는 글이기도 하고, 동일한 사건들에 대해 자유주의자와 마르크스주의자의 시각을 비교할 수 있는 책들이기도 하다.

찾아보기

ㄱ

갈랑, 앙투안 Galland, Antoine p. 36
계몽전제군주정 p. 60
공안위원회 p. 76, 103, 104
공위시대 p. 47
공화정 p. 32, 47, 50, 51, 65-67, 69, 72-75, 82, 83, 85, 86, 94, 152, 180
공화주의적 덕성 p. 85, 89, 90, 105
관습헌법 p. 48
《관용론》 p. 57
구체제(앙시앵 레짐) p. 61, 101, 106, 110, 114, 115, 120, 125, 131, 133, 137, 144, 186
《구체제와 프랑스 혁명》 p. 137-139, 144
《국가론》 p. 43
국민공회 p. 76, 103, 185, 188
《국부론》 p. 60
군주정 p. 65-68, 74, 75, 81, 83, 85-87, 128, 152, 153
〈근대인의 자유와 비교한 고대인의 자유〉 p. 107
기조, 프랑수아 Guizot, François p. 115-119, 148
《꿀벌의 우화 : 사적 악덕과 공적 혜택》 p. 73

ㄴ

나관중 p. 26
나폴레옹 p. 106, 109, 110, 113, 115, 130
나폴레옹 민법 p. 109
남해회사 p. 54

ㄷ

다르장송 후작 marquis d'Argenson p. 55, 56
독트리네르 p. 115, 116, 118
《돈키호테》 p. 17
돌바크, 폴 앙리 d'Holbach, Paul Henri p. 55
뒤르켐, 에밀 Émile Durkheim p. 147
디드로, 드니 Diderot, Denis p. 40, 55
디포, 대니얼 Defoe, Daniel p. 19

ㄹ

라 마르세예즈 p. 186
라신, 장 밥티스트 Racine, Jean Baptiste p. 52
라파엘로, 산치오 Raffaello Sanzio p. 23
《로마사 논고》 p. 66, 70, 72
《로마의 흥망성쇠의 원인에 대한 고찰》 p. 39
로베스피에르, 막시밀리앙 Robespierre, Maximilien p. 76, 102-104, 106, 108, 159,

180, 181, 186, 189

《로빈슨 크루소》 p. 19

로크, 존 Locke, John p. 43, 48, 62, 72, 78, 87, 92, 152, 172

루소, 장 자크 Rousseau, Jean Jacques p. 40, 55, 57, 60, 88-92, 101, 102, 104, 108, 146, 153, 159, 172, 186, 187

루이 14세 p. 37, 41, 42, 44, 49, 52

리슐리외, 아르망 Richelieu, Armand p. 44

립셋, 시모어 Lipset, Seymour M. p. 51

ㅁ

마그나 카르타 p. 46

마담 뒤 바리 Jeanne du Barry p. 61

마라나, 조반니 Marana, Giovanni p. 36

마르크스, 칼 Galland, Antoine p. 117, 125, 139

마키아벨리, 니콜로 Machiavelli, Niccolò p. 26, 41, 66, 69-72, 80, 84, 89, 93, 95

매디슨, 제임스 Madison, James p. 93, 94

맨더빌, 버나드 Mandeville, Bernard p. 73

메르시에 Mercier de la Riviér p. 60

명예 혁명 p. 43, 47, 87, 112,

몰리에르 Molière p. 52

몽테스키외 Montesquieu p. 14, 18, 24, 30-33, 36, 37, 39-41, 48-50, 55, 56, 61-69, 72-93, 97, 100, 101, 104, 108, 122, 128, 146, 149-154

미국 독립혁명 p. 87, 92

《미국 예외주의》 p. 51

《미국의 교도행정 체제와 그 체제의 프랑스 내 적용 여부》 p. 122

《미국의 민주주의》 p. 30, 32, 33, 121-125, 127, 129, 137, 143, 145, 150

민주주의적 전제정 p. 68, 128, 137-141, 156, 160, 169

밀, 존 스튜어트 Mill, John Stuart p. 146, 147

ㅂ

바뵈프, 프랑수아 Babeuf, François p. 189

바이마르 공화국 p. 51

백과전서파 p. 40

《법의 정신》 p. 30, 31, 38, 39, 49, 50, 56, 61, 62, 65, 76, 82, 83, 85, 86, 146, 150

베버, 막스 Weber, Max p. 27

보댕, 장 Bodin, Jean p. 43, 44, 81, 106

보쉬에, 자크 베니뉴 Bossuet, Jacques-Bènigne p. 45, 47, 48

보이지 않는 손 p. 61

본 공화국 p. 51

볼테르 Voltaire p. 40, 55, 57, 60, 186

불랭비예 Boulainvillers p. 487

《브레이브 하트》 p. 16

브리소, 자크 Brissot, Jacques p. 189

비르투 p. 67

ㅅ

〈사고들의 체계〉 p. 37

《사회계약론》 p. 89, 164

《삼국지연의》 p. 26

삼부회 p. 46, 56, 98, 185

생시몽, 클로드 앙리 드 Saint-Simon, Claude Henri de p. 48

샤르댕, 장 Chardin, Jean p. 36

세르반테스, 미겔 Cervantes, Miguel p. 17

스미스, 애덤 Smith, Adam p. 60, 61, 102

〈스타워즈〉 p. 25

스탈, 제르맨 Staël, Germaine N. p. 106, 107

시에예스, 에마뉘엘 Sieyès, Emmanuel p. 100-102, 108

ㅇ

아롱, 레몽 Aron, Raymond p. 62

아리스토텔레스 Aristoteles p. 18, 23, 24, 65, 70, 72, 79, 80

아카데미 프랑세즈 p. 122

〈아테네 학당〉 p. 23

앙리 2세 p. 42

엘베시우스, 클로드 아드리앵 Helvètius, Claude Adrien p. 55

〈여왕 마고〉 p. 42

《오세아나》 p. 71

올라르, 알폰스 Aulard, Alphonse p. 186

〈우주전쟁〉 p. 25

〈인권선언〉 p. 98, 99, 101

〈인디펜던스 데이〉 p. 25

일반의지 p. 60, 89, 101, 102, 104, 105, 108, 109, 153, 155, 174, 176, 177

ㅈ

자연적 귀족 p. 94

자연정부 p. 60

자유주의적 공화주의 p. 74, 152

장세니슴 p. 57

전제정 p. 37, 49, 50, 56, 65, 66, 68, 74, 75, 83, 86, 105, 128, 130, 137-139, 140, 141, 145, 156, 160, 169

《제3신분이란 무엇인가?》 p. 101

제임스 2세 p. 47

〈종교에 있어서의 로마인의 정치〉 p. 37

ㅊ

《천일야화》 p. 36

청교도 혁명 p. 45, 47, 87, 179, 180

ㅋ

카르나발레 박물관 p. 186

케네, 프랑수아 Quesnay, François p. 55, 60, 61

코뮌 p. 143, 145, 180

코포라티즘 p. 176

콩스탕, 뱅자맹 Constant, Benjamin p. 107-109

콩트, 오귀스트 Comte, Auguste p. 61

크롬웰, 올리버 Cromwell, Oliver p. 47, 71, 179-181

크롬웰, 토머스 Galland, Antoine p. 46

ㅌ

〈태조 왕건〉 p. 20

《터키의 첩자》 p. 36

테르미도르 p. 104-106, 187

토크빌, 알렉시스 드 Tocqueville, Alexis de p. 16, 18, 24, 30-33, 48, 50, 68, 74-76, 87, 88, 97, 113-115, 119, 120, 122-154, 156

《통치론》 p. 48, 79

튀르고, 안 로베르 자크 Turgot, Anne Robert Jacques p. 55, 60

ㅍ

페늘롱, 프랑수아 Fènelon, François p. 48, 49

페더럴리스트 p. 88, 92-94

《페르시아 여행기》 p. 37, 49, 50, 85

폴리비오스 Polybios p. 70

푸펜도르프, 사무엘 Pufendorf, Samuel p. 48, 62

퓌레, 프랑수아 Furet, François p. 189

《프랑스 통치사론》 p. 55

프랑스 혁명 p. 31, 40, 51, 56, 57, 60, 75, 87, 88, 91, 97, 98, 102, 106, 107, 109, 110,

112-114, 128, 133, 147, 150, 153, 172, 175, 180, 181, 184-190

프롱드의 난 p. 45

필리프, 루이 Philippe, Louis p. 110

ㅎ

해링턴, 제임스 Harrington, James p. 70, 71

헨리 8세 p. 46, 52

혼합정부 p. 80, 81, 93

홉스, 토머스 Hobbes, Thomas p. 43, 47, 62, 71, 87, 90, 98, 152

〈황산벌〉 p. 20

《회고록》 p. 114

흐로티위스, 휘호 Grotius, Hugo p. 48, 62

흄, 데이비드 Hume, David p. 84